GOLF VON NEAPEL AMALFIKÜSTE

DIE AUTORIN

Heide Marie Karin Geiss, Reisejournalistin und Fotografin, lebt in München, der »nördlichsten Stadt Italiens«. Vielleicht erklärt das ihre große Leidenschaft zu dem Land, in dem die Zitronen blühen. Als passionierte Seglerin fühlt sie sich am Mittelmeer wie zu Hause und genießt immer wieder die etwas andere Perspektive auf den herrlichen Golf von Neapel und die traumhaft schöne Amalfiküste.

www.vistapoint.de

Inhalt

Willkommen & Top 10

Chronik

Stadttour Neapel mit Detailkarte

Vista Points – Sehenswertes

Reiseregionen, Orte und Sehenswürdigkeiten

Service von A bis Z

Sprachführer

Extras – Zusatzinformationen

Zeichenerklärung

Top 10
Das müssen Sie gesehen haben, siehe vorderer innerer Umschlag und hintere Umschlagklappe.

Vista Point
Reiseregionen, Orte und Sehenswürdigkeiten

Symbole
Verwendete Symbole siehe hintere innere Umschlagklappe.

Kartensymbol: Verweist auf das entsprechende Planquadrat der ausfaltbaren Karte bzw. der Detailpläne im Buch.

Willkommen am Golf von Neapel und an der Amalfiküste

Mit der Region Kampanien assoziiert man als erstes Neapel. Soweit stimmen die geografischen Kenntnisse auch, doch diese in ihrem ganz eigenen Takt pulsierende Stadt macht nur einen kleinen Teil der Küstenregion am Golf von Neapel aus.

Folgt man der Einladung in dieses Gebiet mit abwechslungsreichem Urlaubsprogramm, erwartet einen beispielsweise auch echter römischer Alltag im größten antiken Freilichtmuseum der Welt – Pompeji. Oder man unternimmt eine Bergwanderung mit unvergesslich schönen Ausblicken auf den majestätischen Vulkan Vesuv, der friedlich zu schlafen scheint und doch jederzeit mit donnerndem Getöse erwachen kann. Ein Besuch der Phlegräischen (griechisch *phlegraios* = brennenden) Felder, einer dampfenden Vulkanregion, zeigt, welche gewaltigen Urkräfte hier noch in der Erde schlummern.

Oder wie wäre es, einen Sommer in einer der prächtigen Adelsvillen an der »Goldenen Meile« zu verbringen? Viel Kunst und jede Menge Kultur gibt

Übersichtskarte Golf von Neapel mit eingezeichneten 10 Top 10 und farbig markierten Regionen

Eine detaillierte Karte mit einem Stadtplan von Neapel sowie Plänen von Herculaneum und Pompeji befindet sich in der hinteren Umschlagklappe.

◁◁ **Titelbild:** Traumhafter Blick von der Villa Rufolo auf die Amalfiküste bei Ravello
Foto: shutterstock/canadastock

◁ **Vordere Umschlagklappe** (außen): Das Dorf Coricella auf der Insel Procida
Foto: shutterstock/trabantos

▷ **Hintere Umschlagklappe** (außen):
links: s. S. 30; rechts oben: s. S. 46; rechts unten: s. S. 58

▷▷ **Umschlagrückseite:**
oben: s. S. 60; unten: s. S. 12

es auch in der Stadt Salerno, der ewigen Konkurrentin Neapels, zu entdecken. Romantisch geht es auf der wunderschönen Insel Capri zu, und zwar nicht nur dann, wenn die »rote Sonne im Meer versinkt«!

Wer ruhige, beschauliche Ferien verleben möchte, sollte der kleinen Insel Procida den Vorzug geben, die sich ihre Ursprünglichkeit bis heute hat bewahren können. Die Insel Ischia hingegen ist meist das Ziel derer, die von der gesundheitsfördernden und heilsamen Kraft der zahlreichen Thermen profitieren wollen.

Und dann gibt es da eben noch die Stadt Neapel, die italienischste aller italienischen Städte. Sie hat ihr Image seit Beginn der 1990er Jahre aufpoliert, Palazzi und Kirchen wurden renoviert und die Stadtviertel sind nun auch abends wieder ohne Probleme begehbar – kurzum, Neapel ist auf dem besten Weg wieder das zu werden, was es einmal war: eine echte Kunstmetropole und eine sehenswerte Weltstadt, deren Bewohner sich die »unendliche Leichtigkeit des Seins« bewahrt haben, und das trotz der steten Bedrohung durch den mächtigen, in seinem Inneren brodelnden Vulkan Vesuv.

»Campania felix« (Glückliches Kampanien) nannten die alten Römer die Region um den Golf von Neapel. Erleben Sie ein Stück von diesem Glück mit allen Sinnen!

Die bunten Pastellhäuser des Hafens Corricella auf der Insel Procida

Daten zur Geschichte

Fresko aus Pompeji (Museo Archeologico Nazionale, Neapel)

Ab 1500 v. Chr. Auf den Inseln Capri und Ischia lassen sich erste Siedler nieder, wie antike Funde eindrucksvoll beweisen.

Um 770 v. Chr Bis in das 5. Jh. hinein siedeln sich Griechen an der Küste an. Die erste neu gegründete Stadt ist Pithekussai auf der Insel Ischia.

Um 680 v. Chr. Die Stadt Parthenope, das heutige Neapel, wird gegründet.

470 v. Chr. Griechische Siedler aus der Stadt Cumae wandern nach Parthenope aus, erweitern die Stadt und nennen sie *Neapolis* (die neue Stadt). Neapel und Paestum sind zwei von vielen Städten, die die Griechen im Zuge ihrer Expansionspolitik einst gründeten. Galt es doch für das *Magna Graecia*, also das Großgriechenland mit der Hauptstadt Athen, möglichst viele Kolonien im Mittelmeerraum zu gewinnen.

343–341 v. Chr. Während des sogenannten 1. Samniterkrieges verteidigen Römer die Kampaner gegen die aus dem Bergland eindringenden Samniter. Nach dem Ende der folgenden Samniterkriege (326–304 v. Chr. und 298–290 v. Chr.) erkennen die Samniter die Vorherrschaft Roms über Kampanien an.

328 v. Chr. Capri wird von den Römern erobert und untersteht ab sofort der Herrschaft von Marc Aurel.

89–82 v. Chr. Die Römer dehnen ihr Reich auch auf die Insel Ischia aus. Im Gebiet um den Vesuv entstehen herrliche Villen.

79 n. Chr. Am 24. August bricht der Vulkan Vesuv aus und begräbt mit seinem todbringenden Ascheregen und Lavaschlamm die blühenden Städte Pompeji, Ercolano (Herculaneum) und Stabiae. Unter den unzähligen Opfern ist auch der berühmte Geschichtsschreiber Plinius der Ältere, während Plinius der Jüngere überlebt.

476 Das Weströmische Reich bricht zusammen. Der letzte Kaiser Roms, Romulus Augustus, stirbt als Gefangener im Castel dell'Ovo in Neapel.

763 Neapel wird zum selbstständigen Herzogtum erhoben.

800–900 Sarazenen fallen über die Küstenregionen und die Inseln her und plündern immer wieder diese Gegenden.

1137 Dank des normannischen Königs Roger II., der Sizilien und Süditalien zu einem einzigen Königreich vereint, erlebt die Region eine Blütezeit.

1194 Das Normannenreich geht an den Stauferkaiser Heinrich VI. über.

1224 Am 5. Juni gründet der Sohn des Stauferkönigs Heinrich VI., der Hohenstaufer Friedrich II., in Neapel die erste staatliche Universität Europas.

1268 Konradin, der Enkel des staufischen Kaisers Friedrich II. und zugleich letzter Staufer, unterliegt bei den kriegerischen Auseinandersetzungen mit dem Franzosen Karl I. von Anjou und wird im Alter von 16 Jahren auf dem Marktplatz in Neapel öffentlich enthauptet. Karl I. von Anjou wird der erste französische Herrscher über Neapel.

1301 Die Insel Ischia kämpft mit den Folgen eines schweren Vulkanausbruchs.

1442 Der spanische König Alfons I. von Aragon übernimmt nach einem Sieg über die Anjou die Herrschaft in Neapel und vereint es mit dem Königreich Sizilien.

1504 200 Jahre lang regieren spanische Vizekönige, die Aragonesen, in Neapel.

1647 Der Volksaufstand unter Führung des Fischers Masaniello in Neapel gegen die Spanier scheitert.

1656 Die Pest wütet in der Golfregion und rafft mehr als ein Drittel der Einwohner Neapels dahin.

1707–34 Als Folge des Spanischen Erbfolgekriegs regieren nun die österreichischen Habsburger in Neapel.

1734 Der Bourbone Karl I. lässt sich in einer prächtigen Zeremonie zum König von Neapel krönen.

1748 Erste Ausgrabungen der durch den Vulkanausbruch verschütteten Städte Herculaneum und Pompeji beginnen.

1787 Der Dichter Johann Wolfgang von Goethe macht während seiner Italienreise vom 25. Februar bis zum 9. März in Neapel Rast.

1799 Die sogenannte Parthenopäische Republik hält nur sechs Monate lang. Sie wird von den königlichen Truppen des Kardinal Ruffo blutig niedergeschlagen.

1806 Napoleon I., der Neapel und die Insel Ischia besetzt, ernennt erst seinen Bruder Joseph Bonaparte, dann seinen Schwager Joachim Murat zum Vizekönig.

1815 Die Bourbonen übernehmen in Neapel wieder die Herrschaft.

1860 Der Freiheitskämpfer Garibaldi zieht mit seinen Freiwilligen in Neapel ein und stürzt den letzten Bourbonenkönig Franz II. vom Thron. In *plebisciti* (Volksabstimmungen) entscheiden sich die Stadtbewohner für den Anschluss an das italienische Königreich.

1883 Ischia wird erneut von schweren Erdbeben erschüttert, die 2300 Menschen den Tod bringen.

1884 Eine Cholera-Epidemie ist in Neapel ausgebrochen und wütet dort grausam.

In diesem ältesten Amphitheater von Pompeji fanden 20 000 Besucher Platz

Ferdinand IV., 1759 bis 1806 König von Neapel, auf einem Gemälde von Anton Raphael Mengs

1943 Während des Zweiten Weltkriegs wird Neapel von deutschen Truppen besetzt, die jedoch während eines Aufstands vom 28. September bis zum 1. Oktober erfolgreich vertrieben werden können. Diese Aktion geht unter dem Begriff »Quattro Giornate di Napoli« (Vier Tage von Neapel) in die Geschichtsbücher ein. Einen Tag später ziehen die Alliierten in die Stadt.

1946 Bei der Abstimmung über die zukünftige Staatsverfassung entscheiden sich drei Viertel der Bevölkerung Neapels für die Monarchie.

1948 Italien wird offiziell zur Republik erklärt.

Ab 1950 Ein riesiger Bauboom setzt ein, Schwarzbauten wachsen wie Pilze aus dem Boden und schwere Korruptionsfälle stehen auf der Tagesordnung.

1958 Auf Ischia boomt der Tourismus, was zwar wirtschaftlichen Aufschwung bringt, jedoch Wasserknappheit hervorruft. Die Insel erhält eine submarine Leitung, die Wasser von Neapel nach Ischia fördert.

1973 Erneute Cholera-Epidemie in Neapel.

1980 Am 23. November richtet ein massives Erdbeben mit insgesamt 2700 Toten in der Provinz Avellino auch in Neapel schwere Schäden an. Der Wiederaufbau der zerstörten Stadtteile fördert die Korruption. Schmiergeldaffären erschüttern die Stadt und lassen die Camorra aufblühen.

1985 Ein Gesetz wird ins Leben gerufen, das unter anderem das illegale Errichten ganzer Wohnsiedlungen verhindern soll.

1986 Der Fußballverein »Neapel SSC« gewinnt zum ersten Mal nach 80 Jahren die italienische Fußball-Bundesliga. Daraufhin befindet sich Neapel sieben Tage lang im Ausnahmezustand. Am Eingang des Friedhofs wird ein Schild aufgestellt, auf dem man die Toten bedauert, weil sie diese Sensation nicht mehr erleben konnten!

Ab 1993 Mit der Wahl von Antonio Bassolino zum Bürgermeister beginnt für die Stadt eine neue Ära. Kunst, Kultur und groß angelegte Restaurierungs- und Modernisierungsarbeiten bestimmen ab jetzt das Stadtbild. Der Erfolg gibt Bassolino, der ab 2000 Präsident der Region Kampanien sein wird, recht, 1998 wählen ihn die Napolitaner erneut zum Bürgermeister. Neapel mausert sich wieder zu einem begehrten Reiseziel und lockt immer mehr Touristen an.

1994 In Neapel findet der Weltwirtschaftsgipfel (G7) statt.

1995 Neapels Altstadt, »Spaccanapoli«, wird zum UNESCO-Weltkulturerbe erklärt.

1998 Schwere Erdrutsche in der Region Neapel, ausgelöst durch Dauerregen, kosten Hunderte Menschen das Leben.

2002 Rosa Russo Jervolino wird zur ersten Bürgermeisterin von Neapel gewählt. Sie tritt in die politischen Fußstapfen ihres Vorgängers.

2008 Die Müllkrise in Neapel spitzt sich zu. Nachdem die Müllabfuhr aufgrund überfüllter Deponien die Arbeit eingestellt hat, verbrennen die Bürger den Müll auf offener Straße, es kommt zu Gewaltakten und Militäreinsätzen.

2009 Der berühmte unterirdische Tunnel »Borbonica sotterranea« (Bourbonentunnel) wird nach drei Jahren Restaurierung wieder eröffnet.

2017 Im Sommer wird nach einjährigen Wartungsarbeiten die Standseilbahn »Funicolare Centrale« in Neapel wieder eröffnet. Der futuristische, 400 Meter lange Bahnhof von Afragola bei Neapel, entworfen von Zaha Hadid, wird eingeweiht.

2021 Im Januar wird Mario Draghi zum Ministerpräsidenten Italiens gewählt.

2022 Bei den Parlamentswahlen gewinnt die als postfaschistisch klassifizierte Partei Fratelli d'Italia unter Giorgia Meloni 26 Prozent der Stimmen in Italien. Meloni wird Ministerpräsidentin.

2023 Vulkanologen stellen im Rahmen einer Studie fest, dass der Ausbruch des Supervulkans Phlegräische Felder (Campi Flegrei) bei Neapel wahrscheinlicher wird. ■

Die Camorra

Proteste gegen die Machenschaften der Camorra in der Stadt Mondragone (2013)

Als Camorra bezeichnet man organisierte kriminelle Familienclans, die von Neapel und Umgebung aus agieren. Die Camorra besteht seit dem 16. Jahrhundert und operiert heute in der gesamten Europäischen Union, unter anderem mit Waffen- und Drogenhandel, Schutzgelderpressung, Produktpiraterie und illegaler Müllentsorgung. Durch diese Machenschaften erzielen die neapolitanischen Clans jährlich rund 24 Milliarden Euro. Da viele der Capi Clan, der camorristischen Familienbosse, hinter Gittern sitzen oder tot sind, rücken die folgenden Generationen nach. Nachwuchsprobleme gibt es auf Grund der vielen Armut, hohen Arbeitslosigkeit und fehlenden Zukunftsperspektiven in und um Neapel keine. Diese Jugendlichen, »Baby-Killer« oder »Kinder-Gangs« genannt, treten unberechenbarer und wesentlich brutaler als ihre Vorgänger auf. In den Slums von Neapel ist der Krieg zwischen den einzelnen Familienclans und der Kampf um die Kontrolle der Stadtviertel wieder aufgeflammt. Seit 2008 zeigen mehrere Hundert Soldaten Staatspräsenz und sorgen für Sicherheit in der Stadt. Eine nicht ganz einfache Aufgabe, denn die Camorra der Jungen verfügt über eine ziemlich chaotische, schwer durchschaubare Struktur.

Die Machenschaften der Camorra beschreibt der Autor und Journalist Roberto Saviano sehr eindrücklich in seinem vielfach ausgezeichneten Buch »Gomorrha«. 2008 wurde das Buch von Matteo Garrone verfilmt, inzwischen gibt es sogar eine zweite Verfilmung als Fernsehserie.

Streifzüge durch die Hauptstadt Kampaniens

Vormittag
Rund um den Hafen: Piazza del Plebiscito – Chiesa San Francesco di Paola – Palazzo Reale – Teatro San Carlo – Galleria Umberto I – Castel Nuovo – Castel dell'Ovo.

Mittag
Pizzeria Brandi
Salita San Anna di Palazzo 1–2 (Via Chiaia) ➡ aD3
✆ 081 41 69 28
www.brandi.it
Tägl. ab 18 Uhr

Nachmittag
Entlang der Spaccanapoli durch die Altstadt: Duomo San Gennaro – San Lorenzo Maggiore mit Scavi di San Lorenzo Maggiore – Napoli Sotterranea – Cappella Sansevero – Piazza del Gesù Nuovo – Santa Chiara mit Majolika-Kreuzgang
In den Norden: Museo Archeologico Nazionale – Museo e Gallerie Nazionali di Capodimonte – Catacombe di San Gennaro
oder auf den Vomero: Castel Sant'Elmo – Museo Duca di Martina.

Neapel ➡ D3/4, nach Rom und Mailand die drittgrößte Stadt Italiens (ca. 959 100 Einw.) und Hauptstadt der Region Campania (Kampanien), wurde im 7. Jahrhundert von griechischen Siedlern gegründet. Während der wechselvollen Geschichte herrschten hier insgesamt 13 verschiedene Völker, unter ihnen Römer, Germanen, Normannen, Österreicher, Spanier und Franzosen, deren architektonische Hinterlassenschaften dem Besucher auf Schritt und Tritt begegnen. Berühmt wurde die sich bis heute in alle Himmelsrichtungen ausbreitende Stadt durch ihre wunderschöne Lage am Golf, zu Füßen des Vesuv.

Statue des Stauferkaisers Friedrichs II. im Palazzo Reale (Neapel)

Die vitale Stadt genoss lange Zeit einen ziemlich schlechten Ruf. Seit Anfang der 1990er Jahre hat sich jedoch viel geändert. Der damalige Bürgermeister Antonio Bassolino, heute Präsident der Region Kampanien, räumte in seiner Stadt gründlich auf. Die Folge sind gelungene Sanierungen zahlreicher Paläste, Kirchen und Villen. 1995 würdigte die UNESCO die einmaligen kulturellen Schätze mit der Ernennung der Altstadt zum Weltkulturerbe.

Napoli ist wieder zur Kulturmetropole aufgestiegen und hat sich seine Eigenheiten als chaotische, aber liebenswerte Weltstadt bewahren können.

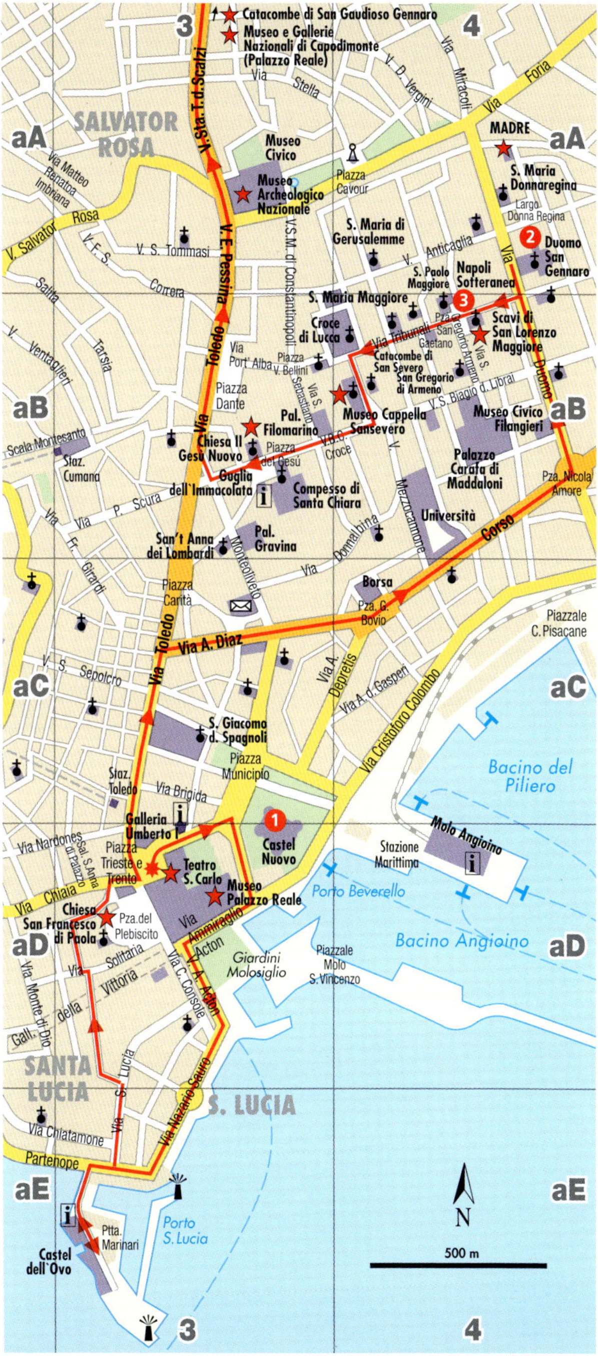
Catacombe di San Gaudioso Gennaro
Museo e Gallerie Nazionali di Capodimonte (Palazzo Reale)
SALVATOR ROSA
Museo Civico
Museo Archeologico Nazionale
Piazza Cavour
MADRE
S. Maria Donnaregina
Largo Donna Regina
Duomo San Gennaro
S. Maria di Gerusalemme
S. Paolo Maggiore
Napoli Sotterranea
S. Maria Maggiore
Croce di Lucca
Scavi di San Lorenzo Maggiore
Piazza Dante
Catacombe di San Severo
San Gregorio di Armeno
Museo Cappella Sansevero
Pal. Filomarino
Museo Civico Filangieri
Chiesa Il Gesù Nuovo
Guglia dell'Immacolata
Compesso di Santa Chiara
Palazzo Carafa di Maddaloni
Pza. Nicola Amore
Staz. Cumana
Università
San't Anna dei Lombardi
Pal. Gravina
Borsa
Piazza Carità
Pza. G. Bovio
Via A. Diaz
Piazzale C. Pisacane
S. Giacomo d. Spagnoli
Piazza Municipio
Bacino del Piliero
Staz. Toledo
Galleria Umberto I
Castel Nuovo
Molo Angioino
Stazione Marittima
Piazza Trieste e Trento
Teatro S. Carlo
Museo Palazzo Reale
Porto Beverello
Chiesa San Francesco di Paola
Pza. del Plebiscito
Giardini Molosiglio
Piazzale Molo S. Vincenzo
Bacino Angioino
SANTA LUCIA
S. LUCIA
Via Toledo
Via Chiaia
Via Cristoforo Colombo
Via Nazario Sauro
Via Chiatamone
Partenope
Porto S. Lucia
Ptta. Marinari
Castel dell'Ovo
N
500 m

Rund um den Hafen

Die prächtige **Piazza del Plebiscito** ➡ aD3 ist ein idealer Ausgangspunkt für einen Stadtbummel. Zunächst erblickt man einen imposanten, halbovalen Säulengang, der die **Chiesa San Francesco di Paola** ➡ aD3 integriert. Den Auftrag zum Bau der Kirche gab König Joachim Murat (1808–15), ihre Fertigstellung erlebte er jedoch nicht mehr. Eine riesige Kuppel dominiert das an ein Pantheon erinnernde Gotteshaus. Gegenüber, an der anderen Seite des seit Beginn der 1990er Jahre für Fahrzeuge gesperrten Platzes, befindet sich der von den spanischen Vizekönigen erbaute Königspalast **Palazzo Reale** ➡ aD3. Das weitläufige Schloss kann besichtigt werden. Die Piazza del Plebiscito, deren Name zurückgeht auf die Volksabstimmung von 1860, mit der sich Süditalien dem damaligen italienischen Reich anschloss, wird außerdem vom Palazzo Salerno und dem Palazzo della Prefettura flankiert.

Am 4. November 1737 wurde das unter Karl III. erbaute **Teatro San Carlo** ➡ aD3, das sich dem Palazzo Reale anschließt, feierlich eröffnet. Doch die Freude der Neapolitaner über das neue Glanzstück der Stadt sollte nicht lange währen, denn im Jahr 1816 richtete ein schwerer Brand großen Schaden an. Statt wie früher in den Farben Gold, Hellblau und Silber erstrahlt das Theater nach dem Wiederaufbau nun in Silber und Rot und ist nach wie vor ein Augenschmaus. Dem Theater gegenüber liegt die klassizistische Einkaufspassage **Galleria Umberto I** ➡ aD3 (Via San Carlo), ein beliebter Treffpunkt bei Einheimischen und Touristen.

Das mächtige ① **Castel Nuovo** ➡ aC/aD3 direkt am Hafen ist trotz seines Namens nicht mehr ganz so neu, denn es wurde vor etwa 700 Jahren unter Karl I. von Anjou errichtet. Das wunderschöne Renaissanceportal (1453–70) der Festung, die auch Maschio Angioino genannt wird, verdient besondere Aufmerksamkeit. Das integrierte Stadtmuseum, das **Museo Civico,** mit seinen beiden zinnenbestückten, runden

Das Castel Nuovo mit seinem hübschen weißen Renaissancebogen

Beliebter Treffpunkt der Neapolitaner: die Galleria Umberto I

Türmen zeigt auf drei Etagen unter anderem Skulpturen und Fresken aus dem 13. und 14. Jahrhundert sowie wertvolle Silber- und Bronzegegenstände.

Dem Stauferkaiser Friedrich II. hat Neapel das **Castel dell'Ovo** ➡ aE3 auf der kleinen Felseninsel vor dem ehemaligen Fischerhafen Santa Lucia zu verdanken. Die Seefestung, die heute ein Kongresszentrum beherbergt, ist nur zugänglich, wenn eine Ausstellung stattfindet.

Auf dem Weg zum nachmittäglichen Spaziergang durch die Altstadt bietet sich eine Stärkung in der bereits 1780 gegründeten **Pizzeria Brandi** an. Über die Via Toledo, die Via A. Diaz, den Corso Umberto I und die Via Duomo gelangt man in einer guten halben Stunde in die Altstadt.

Entlang der Spaccanapoli durch die Altstadt

Übersetzt bedeutet Spaccanapoli »zerteilt Napoli« und damit wird genau das ausgedrückt, was diese etwa drei Kilometer lange Straßenfolge mit unzähligen Gassen und Gässchen auch wirklich macht: Sie zerteilt die historische Altstadt in zwei Hälften. Der Straßenzug führt vom Fuß des Vomero-Hügels über die Via Pasquale Scura, die westlich gelegene Piazza del Gesù, die Via San Biagio bis hin zur Via Forcella und gab dem gesamten Altstadtbereich seinen Namen. In der Antike wurde mit dem Namen lediglich eine schmale Gasse zwischen der Via Monteoliveto und der belebten Via Duomo bezeichnet.

Sicherlich kann man nicht alle Kirchen Neapels besuchen, dazu sind es einfach zu viele. Aber an dem neugotischen 2 **Duomo San Gennaro** ➡ aA4 (ab 1268) mit seinen drei prächtigen Portalen, dem Mittelpunkt der Spaccanapoli, kommt man einfach nicht vorbei. Eigentlich besteht das Gotteshaus aus mehreren Kirchen: der **Cappella Santa Restituta** (320 n. Chr., älteste Kirche der Stadt), der frühbarocken **Cappella del Tresoro di San Gennaro** (1608) und dem **Battistero** (4. Jh.), dem ältesten Baptisterium des Abendlands. Das prächtige Innere des Doms raubt einem den Atem. Stolze hundert Meter misst das Langhaus, 16 Pfeiler

Kirchenbesucher sollten sich Zeit nehmen, um die prächtige barocke Innenarchitektur des Duomo San Gennaro zu genießen

sind notwendig, um das riesige Kirchendach zu stützen. Für die Besichtigung der Kirche sollte man sich etwas Zeit nehmen, denn es erwartet den Besucher ein architektonischer Mix aus 2000 Jahren.

In der **Cappella del Tesoro di San Gennaro** werden zwei Ampullen mit dem Blut des heiligen San Gennaro (hl. Januarius) aufbewahrt. Der Heilige, Bischof von Benevent, wurde während der Christenverfolgungen um 305 auf Befehl von Diokletian enthauptet. Schenkt man der Legende Glauben, hat eine Frau, die der Enthauptung beiwohnte, Blut des Märtyrers in zwei Ampullen aufgefangen. Im Jahr 313, als die Gebeine des Heiligen samt Ampulle nach Neapel überführt wurden, soll sich das Blut zum ersten Mal verflüssigt haben. In einem seit Jahrhunderten gleichen Ritus wird dieses für Neapel bedeutende Fest im Mai, September und Dezember jeden Jahres mit einem feierlichen Gottesdienst im Dom zelebriert. Dabei dreht der Erzbischof die in einer Halterung befestigte Reliquie mehrmals. Fast immer verflüssigt sich das Blut. Nur selten geschieht das »Blutwunder« nicht, was als Hinweis auf ein Unglück gilt. So wurde das 1980 ausgebliebene Wunder mit dem Erdbeben, das die Stadt in diesem Jahr erschütterte und 2000 Menschen das Leben kostete, in Zusammenhang gebracht.

Unter der Franziskanerkirche **San Lorenzo Maggiore** ➡ aB4 an der Piazza Gaetano, einem der ältesten Gotteshäuser der Stadt, stößt man auf antike Reste einer frühchristlichen Basilika aus dem 6. Jahrhundert, die **Scavi di San Lorenzo Maggiore**. Ferner sieht man Ruinen von antiken Geschäften, einen mehr als 2000 Jahre alten Ofen und andere Dinge des täglichen Gebrauchs.

Unter dem auf weichem Tuffstein gebauten Neapel befindet sich ein 80 Kilometer langes Labyrinth von Höhlen, die bis zu 40 Meter unter der Erde liegen, genannt 3 **Napoli Sotterranea**. Entstanden sind diese 2400 Jahre alten Höhlen durch den Abbau des Tuffsteins, der zum Häuserbau verwendet wurde. Um ihre Nutzung ranken sich unzählige Legenden. Sie sollen als geheime Zufluchtsorte und Kulträume gedient und der Stadtbevölkerung im Zweiten Weltkrieg Schutz vor den Bombenangriffen geboten haben. Einige der unterirdischen Räume nutzten die Ärmsten der Armen bis Mitte des 20. Jahrhunderts als karge Behausung. Zweistündige Führungen durch dieses Labyrinth starten bei der Kirche **San Paolo Maggiore** ➡ aB4 an der Piazza S. Gaetano 76. Um die Ecke steht die wunderschön ausgestattete Kirche **San Gregorio Armeno**.

Nahe der belebten Piazza San Domenico Maggiore erhebt sich die **Cappella Sansevero** ➡ aB4. Ihre Entstehung im Jahre 1590 ist Giovanni Francesco di Sangro zu verdanken. Für ihr heutiges mit Fresken verziertes Aussehen zeichnet Raimondo di Sangro verantwortlich, ein Wissenschaftler, von dem auch die Darstellungen des Blutkreislaufs im menschlichen Körper im Keller des Gotteshauses stammen. Besondere Aufmerksamkeit verdient die berühmte Figur Il Christo Velato (»Der verhüllte Christus«), die der Bildhauer Giuseppe Sammartino bemerkenswert filigran aus Marmor schuf.

Unübersehbar erhebt sich auf der Piazza del Gesù Nuovo das prächtige Rokoko-Denkmal **Guglia dell'Immacolata** (1747–50), ein Werk des Künstlers Giuseppe Genuino, an dem der aufmerksame Betrachter zahlreiche Verzierungen und Ornamente entdecken kann. Fast ein bisschen streng und schlicht präsentiert sich die **Chiesa Il Gesù Nuovo** ➡ aB3 (1584–1601) auf demselben Platz. Ein Besuch des Kircheninneren lohnt sich wegen des berühmten Freskos »Vertreibung des Heliodor« von Francesco Solimena.

Die nach dem Zweiten Weltkrieg wieder errichtete, ehemals gotische Kirche **Santa Chiara** ➡ aB3 ist die Grabstätte der Königsfamilie von Anjou. Dementsprechend befinden sich hier zahlreiche kostbar geschmückte Sarkophage. Der Klosterbereich der Kirche zeigt einen herrlichen **Majolika-Kreuzgang**, den Chiostro delle Maioliche. Im beschaulichen Klostergarten kann man sich auf einer der hübsch gefliesten Bänke eine Ruhepause gönnen.

Im Rahmen einer Führung kann man das unterirdische Neapel entdecken

In den Norden oder auf den Vomero

Die altrömische Statue Herkules Farnese (um 320 v. Chr.) im Museo Archeologico Nazionale

Das **Museo Archeologico Nazionale** ➡ aA3 an der Piazza Museo zählt zu den wichtigsten und größten archäologischen Sammlungen Europas und präsentiert eine Vielzahl von Funden aus Pompeji: die berühmte Herkulesstatue, die Plastik des Farnesischen Stiers und verschiedene Mosaike. Unglaublich: Über 1,5 Millionen Steinchen zählt das Mosaik aus Pompeji, das von der Schlacht zwischen Alexander dem Großen und dem Perserkönig Dareios III. erzählt. Sehenswert ist auch die Sammlung der Familie Borgia mit bedeutenden Funden aus Ägypten. Ferner kann man in dem 1585 erbauten Gebäude auch die lange unter Verschluss gehaltene antike Erotika-Sammlung bewundern.

Von der Piazza Museo Nazionale erreicht man über die Via Santa Teresa degli Scalzi und den Corso Amadeo di Savoia den prächtigen Palazzo Reale di Capodimonte, der den adäquaten Rahmen für das **Museo e Gallerie Nazionali di Capodimonte** ➡ nördl. aA3 bildet. Tizian, Raffael, Botticelli, Tintoretto oder Andy Warhol (»Vesuvius« von 1985) – viele Größen der Malerei sind in dem ursprünglich als Königsresidenz konzipierten Stadtpalast hoch über der Stadt vertreten. Das Museum zeigt aber auch Wechselausstellungen sowie den zweiten

Blick vom Castel Sant'Elmo über die Dächer Neapels

Teil der wertvollen Sammlung Farnese (der erste Teil befindet sich im Museo Archeologico Nazionale).

Seit dem 2. Jahrhundert dienten die großzügig angelegten **Catacombe di San Gennaro** ➡ nördl. aA3 als Friedhof sowohl für Christen als auch Heiden. »Prominentester« Toter ist Neapels Stadtheiliger San Gennaro, der hier im 15. Jahrhundert seine Ruhestätte fand. Die Wände der zahlreichen unterirdischen Gänge, die sich auf zwei Ebenen verteilen, sind mit sehr schönen Fresken verziert.

Wer lieber einen Blick von oben auf die Stadt werfen möchte, erreicht von der **Santa Chiara** ➡ aB3 rasch die Stazione Cumano, von wo der Funicolare auf den **Vomero** fährt. Sowohl der Hügel als auch das auf der Erhebung errichtete gutbürgerliche Stadtviertel tragen diesen Namen. Dominiert wird Vomero von der weithin sichtbaren Burg, dem **Castel Sant'Elmo** ➡ aB/aC2 (14. Jh.) mit seinem markanten sternförmigen Grundriss. Einst diente die Burg unter anderem als Gefängnis, heute genießt man von hier einen wunderbaren Blick auf die Stadt und den Golf von Neapel.

Wer sich für schöne Majoliken aus Europa, China und Japan interessiert, sollte unbedingt das **Museo Duca di Martina** ➡ aC1 in der neoklassizistischen Villa Floridiana besuchen. Es liegt ebenfalls auf dem Vomero und besitzt einen weitläufigen Park. König Ferdinand gab diesen Bau als großzügiges Geschenk für seine Gattin Floridiana in Auftrag.

Il presepio napoletano – die neapolitanische Weihnachtskrippe

In der neapolitanischen Krippe wird Pizza für das Jesuskind gebacken

Die Besonderheit der neapolitanischen Krippe, die einen höheren Stellenwert genießt als der Weihnachtsbaum, liegt in ihrem Figurenreichtum. Denn neben dem Jesuskind und der besonders verehrten Madonna werden folkloristische Figuren aus dem Alltagsleben aufgestellt, etwa Obst- und Gemüsehändler, Pizzabäcker oder Losverkäufer. So entstehen um das bekannte Ensemble im Stall ganze Straßenzüge mit Geschäften, Wirtshäusern und Marktplätzen. Das Flair ist dabei eindeutig italienisch, zeigt die Szenerie doch eher das Neapel des 18. Jahrhunderts, in dem der Brauch Verbreitung fand, als das biblische Bethlehem. Ein besonderer Reiz besteht darin, diese Miniaturstädte Jahr für Jahr zu erweitern und mit immer mehr Figuren zu bevölkern. Neben dem traditionellen Personal wie Hirten, Händlern und Handwerkern kann übrigens auch durchaus mal ein bekannter Fußballspieler oder Politiker dem Christkind seine Aufwartung machen.

Neapolitanische Familien dekorieren ihr *presepio* schon am 8. Dezember im Wohnzimmer, wobei das Christuskind erst in der Nacht des 24. Dezembers in die Krippe gelegt werden darf. In der Weihnachtszeit können in allen Kirchen Krippen bewundert werden.

Bereits in der Metropolitana-Station »Museo« geht es kunstvoll zu

Service-Informationen Neapel

i Azienda Autonoma di Soggiorno Cura e Turismo di Napoli
Piazza Trieste e Trento 1
80132 Neapel
✆ 081 252 57 11, www.inaples.it
www.comune.napoli.it.
Tourist Informationen:
– Via San Carlo 9, Neapel ➡ aD3
– Piazza del Gesù 7–8, Neapel ➡ aB3
Hier bekommt man den monatlich erscheinenden Veranstaltungskalender »Qui Napoli« (engl. und ital.).

i Napoli/Campania ArteCard
✆ 800-60 06 01
www.campaniartecard.it
3 Tage Neapel € 21/12, Kampanien € 32/25
Mit der an vielen Stellen (z. B. am Flughafen, in Bahnhöfen, Museen und größeren Hotels, auch online) erhältlichen Karte, bekommt man Vergünstigungen an über 40 Orten. Dank eines integrierten Mikrochips entfällt auch das lästige Warten an vielen Museumskassen. Spart Zeit und Geld!

MADRE – Museum für Gegenwartskunst ➡ aA4
Via Settembrini 79, Neapel
✆ 081 19 31 30 16
www.madrenapoli.it
Tägl. außer Di 10–19.30, So bis 20 Uhr, Eintritt € 8/4
Gezeigt werden Werke erfolgreicher Künstler der vergangenen Jahrzehnte, etwa von Beuys und Warhol.

Museo Archeologico Nazionale ➡ aA3
Piazza Museo Nazionale 19
Neapel
✆ 081 442 21 49, www.museoarcheologiconapoli.it
Tägl. außer Di 9–19.30 Uhr, Mi nach Feiertag geschl.
Eintritt € 12/6
Eines der bedeutendsten Museen antiker Kunst weltweit. Griechische und römische Großplastiken, Mosaike und Fresken, u.a. »Toro Farnese« (Farnesischer Stier), Relief »Orpheus und Eurydike« und »Alexandermosaik«.

Museo di Capodimonte ➡ nördl. aA3
Via Miano 2, Neapel
✆ 081 749 91 30, www.museodicapodimonte.beniculturali.it
Tägl. außer Mi 8.30–19.30 Uhr
Eintritt € 12/8, bis 17 J. frei

Gemäldesammlung und Porzellanmuseum im ehemaligen Bourbonenschloss mit großem Schlosspark. Dachgeschoss: moderne Kunst u. a. von Warhol, zweite Etage: die Galerie der neapolitanischen Kunst, 1. Etage: Farnesische Galerie mit Werken u. a. von Tizian, Raffael, Botticelli, El Greco.

Museo Duca di Martina (Villa Floridiana) ➡ aC1
Via Cimarosa 77, auf dem Vomero Neapel
✆ 081 578 84 18
Tägl. außer Di 9–14 Uhr
Eintritt € 1,50
Porzellan- und Keramikmuseum mit europäischen und asiatischen Ausstellungsstücken.

Cappella Sansevero ➡ aB4
Via Francesco de Sanctis 19/21 Neapel
✆ 081 551 84 70
www.museosansevero.it
Tägl. außer Di 9–18.30 Uhr
Eintritt € 7/5
In der schönen Kapelle steht die berühmte Marmorstatue »Verschleierter Christus«, »*cristo velato*«, des Künstlers Guiseppe Sanmartino aus Neapel. Das Museum der Kapelle zeigt u. a. Marmorskulpturen und anatomische Maschinen.

1 Castel Nuovo ➡ aC/D3
Piazza Castello, Neapel
✆ 081 551 03 53
Tägl. außer So 9–19 Uhr
Eintritt € 5
Das bekannteste Gebäude der Stadt liegt am Hafen. Im 1990 eingeweihten Museum werden u. a. in der Cappella di Palatina (1307) Fresken und Skulpturen (13./14. Jh.) gezeigt. Im Südflügel der Burg gibt es Objekte aus Silber und Bronze (15.–19. Jh.) zu bewundern.

Castel Sant'Elmo ➡ aB/C2
Via Tito Angelini 22, Neapel
✆ 081 229 44 01
Tägl. außer Di 8.30–19.30 Uhr
Eintritt € 5/2,50
Von der Festung hoch oben auf dem Vomero genießt man einen herrlichen Blick auf die Altstadt, den Vesuv und das Meer. In den trutzigen Burgmauern sind die kunsthistorische Bibliothek Bruno Molajoli und die Denkmalschutzbehörde untergebracht.

Catacombe di San Gennaro ➡ nördl. aA3
Via Capodimonte 13, Neapel
✆ 081 544 37 14
www.catacombedinapoli.it
Führungen stdl. Mo–Sa 10–17, So 10–14 Uhr, Eintritt € 9/5, bis 5 J. frei
Unter dem Hügel von Capodimonte wurden die größten Katakomben der Stadt angelegt – mit einer kilometerlangen Friedhofsanlage (2. Jh. n. Chr.), verziert mit herrlichen Mosaiken und Fresken. Die zweistöckige Anlage der Gräberreihen stammt aus dem 6. Jh. n. Chr.

Chiesa Il Gesù Nuovo ➡ aB3
Piazza del Gesù, Neapel
Tägl. außer So 9–17 Uhr
Der Architekt Novello da San Lucano integrierte die Kirche Gesù Nuovo 1470 in ein imposantes Renaissance-Gebäude, den Palazzo dei Sanseverino. Die prachtvolle Innenausstattung stammt aus dem 17. und 18. Jh.

Chiesa San Francesco di Paola ➡ aD3
Piazza del Plebiscito (gegenüber dem Palazzo Reale), Neapel

Tizians »Danaë« (1544) im Museo di Capodimonte (Neapel)

Tägl. 9–17 Uhr (außer bei Gottesdiensten)
Die überaus prächtige Kirche wurde 1836 von Papst Gregor XVI. geweiht und erinnert optisch an das Pantheon in Rom. Die Rotunde im Innenraum hat einen Durchmesser von 53 m und wird von 34 Säulen getragen. Der Hauptaltar, 1641 von Anselm Cangiano gestaltet, ist verschwenderisch mit Lapislazuli und anderen Edelsteinen verziert.

2 Duomo San Gennaro ➡ aA4
Via Duomo 147, Neapel
✆ 081 29 49 80
Tägl. außer So 9–17.30 Uhr
Eintritt frei
Prächtiger Dom, in dem die sterblichen Überreste des Schutzheiligen San Gennaro aufbewahrt werden.

3 Napoli Sotterranea ➡ aB4
Startpunkt: Piazza San Gaetano 68, Neapel
✆ 081 29 69 44
mobil ✆ 034 04 60 60 45
www.napolisotterranea.org
Touren täglich auf ital. 10, 12, 14, 16, 17, 18, Dauer 1 Std., auf Engl. tägl. 10, 14, 18 Uhr, Dauer 2. Std., auf Deutsch auf Anfrage
Führung € 10/8
Neapel unterirdisch – für Kinder ab 7 oder 8 Jahren absolut spannend! Für jüngere Kinder allerdings weniger geeignet, überhaupt nichts für Kinderwagen.

Palazzo Reale ➡ aD3
Piazza del Plebiscito 1, Neapel
Tägl. 9–20 Uhr
Eintritt € 4/3
Der Königspalast mit seinen prunkvollen Sälen bietet u.a. Platz für eine interessante Uhrensammlung, herrliche Skulpturen und wertvolles Porzellan. Sehr schön ist auch die neapolitanische Weihnachtskrippe (18. Jh.), die in der Cappella Palatina ausgestellt ist.

Santa Chiara ➡ aB3
Via Sta. Chiara 49, Neapel
✆ 081 19 57 59 15, www.monasterodisantachiara.com
Tägl. 10–13, Mo–Sa auch 14–16 Uhr, Eintritt € 6/4,50
Die Kirche ist Grabstätte der Königsfamilie von Anjou. Im Klosterkomplex befinden sich das Museo dell'Opera (ehemaliger Wohnraum der Nonnen),

Oase der Ruhe mitten in der Stadt: der zauberhafte Klostergarten von Santa Chiara

archäologische Ausgrabungen, ein Majolika-Kreuzgang und ein Krippensaal aus dem 18. Jh.

Scavi di San Lorenzo Maggiore ➡ aB4
Via dei Tribunali 316, Neapel
✆ 081 45 49 48
www.laneapolissotterrata.it
Mo–Sa 9.30–17.30, So 9.30–13.30 Uhr, Eintritt € 9/6
Archäologische Ausgrabungsstätte unter der Kirche des Franziskanerordens von San Lorenzo Maggiore. Bereits im 6. Jh. erhob sich hier eine Bischofskirche.

Teatro San Carlo ➡ aD3
Via San Carlo 98/F, Neapel
✆ 081 797 23 31 (Tickets)
www.teatrosancarlo.it
Tägl. 10–12.30 und 14.30–16.30 Uhr, Besichtigung nur mit Führung
Ehemals größtes Opernhaus Europas (1737), in dem zahlreiche Welturaufführungen stattfanden. Es wird noch heute bespielt.

Parco della Tomba di Virgilio/Grab des Vergil ➡ aD1
Salita Grotta 20 (nahe Metro Mergellina), Neapel
✆ 081 66 93 90
Tägl. 9 Uhr bis 1 Std. vor Sonnenuntergang
Einfach die Ruhe in dem kleinen Park genießen. Der römische Dichter Vergil soll hier begraben sein.

Mimì alla Ferrovia ➡ aA5
Via Alfonso d'Aragona 19/21 (an der Piazza Garibaldi), Neapel
✆ 081 553 85 25
www.mimiallaferrovia.it
So geschl.
Das elegante Restaurant, ein 1943 gegründeter Familienbetrieb, offeriert sehr gute Fischspezialitäten und ist auch bei betuchteren Einheimischen beliebt. Reservierung ist unbedingt zu empfehlen! €€€

Da Michele ➡ aB5
Via Cesare Sersale 1/3 (Ecke Via P. Coletta), Neapel
✆ 081 553 92 04
www.damichele.net
Tägl. ab 11 Uhr, Aug. geschl.
Toto, Maradona, Clinton und viele andere Persönlichkeiten geben sich hier seit 1870 die Klinke in die Hand. Unbedingt die Pizza Marinara kosten! €€

Turm der Franziskanerkirche San Lorenzo Maggiore in Neapel

Antica Pizzeria Port'Alba ➡ aB3
Via Port'Alba 18, Neapel
✆ 081 45 97 13, 081 442 10 61
Tägl. ab 12 Uhr
Die 1738 gegründete Pizzeria und Osteria bietet neben leckeren Pizzen auch gute Meeresspezialitäten an (Linguine mit Meeresfrüchten probieren!). Für den kleinen Hunger zwischendurch sollte man sich eine *Pizza da portare*, ein Pizzastück, mitnehmen. €–€€

Brandi ➡ aD3
Salita Sant'Anna di Palazzo 1–2 (Via Chiaia), Neapel
✆ 081 41 69 28, www.brandi.it
Tägl. ab 18 Uhr
1889 erfand der Bäcker Esposito in der 1780 gegründeten Pizzeria die berühmte Pizza Margherita. €–€€

Trianon da Ciro ➡ aB5
Via Pietro Colletta 44/46, Neapel
✆ 081 553 94 26
www.pizzeriatrianon.it
Tägl. 11–15.30 und 19–24 Uhr
Wer die Größe und den damit verbundenen Lärm der Pizzeria mit 450 Plätzen nicht scheut, kann aus über 20 Pizzasorten (bis zu 60 cm Durchmesser) wählen. €–€€

Gran Caffè Gambrinus ➡ aD3
Via Chiaia 1/2 (schräg gegenüber von der Piazza del Plebiscito) Neapel
✆ 081 41 75 82
www.grancaffegambrinus.com
Tägl. ab 7 Uhr
Das 1860 eröffnete Café im Stil der Belle Époque war Treffpunkt von Literaten (u. a. Oscar Wilde), Politikern und Künstlern. An der meterlangen Theke findet man eine enorme Pasticceria-Auswahl.

Intra Moenia ➡ aB3
Piazza Bellini 70, Neapel
✆ 081 45 16 52
www.intramoenia.it
Tägl. ab 7 Uhr
Das gemütliche literarische Café offeriert neben verschiedenen Kaffeesorten (Caffè Nicola probieren!) auch günstige Gerichte. Ein eigener Verlag bietet Bücher zum Verkauf an. Schöner Blick auf die römisch-griechischen Ausgrabungen und die Piazza Bellini.

Gold Club ➡ nördl. aA1
Via Sgambati 47, Neapel
✆ 081 19 57 97 56
Di, Do–Sa 22–4 Uhr
Die Disco, in der bis zu 1500 Personen Platz haben, liegt an der Metrohaltestelle Rione Alto und ist bekannt für innovative Themenabende.

Vertego ➡ aC2
Via Caccavello Annibale 17
Neapel
✆ 081 556 05 02
Tägl. ab 21 Uhr
Wer das Exklusive sucht, ist in der Diskothek und Pianobar auf dem Vomero bestens aufgehoben.

In den vielen Musikgeschäften in der **Via San Sebastiano** ➡ aB3 findet man auch traditionelle Instrumente wie Mandolinen, während die **Via Port'Alba** ➡ aB3 die Straße der Buchhändler ist. Auf *bancarelle* (Ständen) werden alte Bücher von Partenope, dem antiken Napoli, angeboten. Wer eine neapolitanische Weihnachtskrippe sucht,

Gran Caffè Gambrinus: das elegante Café im Stil der Belle Époque ist ein Stück Geschichte Neapels

Pizza Margherita

Die Pizza Margherita hat ihre Erfindung königlichem Besuch in Neapel im Jahr 1889 zu verdanken. Pizzabäcker Raffaelo Esposito und seine Frau Maria Giovanna Brandi, Eigentümer einer 1780 gegründeten Pizzeria, wurden beauftragt, Königin Margherita von Savoyen und ihrem Gatten, König Umberto, eine Pizza in den Palast zu liefern. Esposito hatte die Idee, zu Ehren der hohen Gäste eine Pizza in den italienischen Nationalfarben zu entwerfen: rote Tomaten, grünes Basilikum und weißer Mozzarella. Der Königin muss es wohl sehr gut geschmeckt haben, wie ihr Dankesbrief an den Pizzaiolo, ausgestellt in der Pizzeria Brandi (vgl. S. 21), bezeugt. Esposito taufte sein neuestes Werk stolz »Pizza Margherita«, heute eine der am häufigsten zubereiteten Pizzen der Welt.

muss in die **Via San Gregorio Armeno** ➡ aB4 schauen. In der **Via Benedetto Croce** ➡ aB3 kann man sich an einem der vielen *bancarelle* die Zukunftskarten legen lassen und in der **Edicola di piazza del Gesù** werden Reiseführer und nette Souvenirs verkauft.

Galleria Umberto I
➡ aD3
Via San Carlo, Neapel
✆ 081 40 53 11
Die überdachte Einkaufspassage aus dem Jahr 1891 mit Boutiquen und Cafés besucht man hauptsächlich wegen der beeindruckenden Architektur.

Metrò del Mare
✆ 800 56 88 66 (tägl. 7.30–19.30 Uhr), www.metròdelmare.it
Mit den Linien (MM1–MM6) der *Aliscafi*, der Tragflügelboote, erreicht man zwischen Mai und Mitte Oktober mehrmals täglich alle größeren Orte am Golf von Neapel und an der Amalfiküste sowie die Inseln. Die Tickets können auch vor und/oder nach der Bootsfahrt für einige Busse und Bahnen verwendet werden und sind in manchen *tabaccaio* (Tabakwarenläden) oder direkt an den Häfen Mole Beverello oder Mergellina erhältlich.

Ausflugsziele:

Reggia di Caserta ➡ B4
Viale Giulio Douhet 2 A
Caserta
✆ 08 23 44 80 84 oder
✆ 08 23 27 75 80
Tägl. außer Mo 8.30–19.30 Uhr
Eintritt € 12/6
Zu Recht wird der beeindruckende Königspalast von Caserta auch »Versailles des Südens« genannt. 1751 beauftragte der Bourbonenkönig Karl III. den Architekten Luigi Vanvitelli mit dem Bau des 250 m langen Gebäudes, das 1200 Räume und 1790 Fenster besitzt. Der künstliche Wasserfall und die zahlreichen Brunnen in der kilometerlangen Parkanlage wurden aus einem 40 km langen Viadukt gespeist.

Santa Maria Capua Vetere
➡ B4
Die kleine Stadt Santa Maria Capua Vetere in der Nähe von Caserta bietet u. a. das weltweit zweitgrößte Amphitheater (nach dem Kolosseum in Rom), einen prächtigen Dom, das Museo Archeologico dell'Antica, den Triumphbogen Arco di Adriano und eines der wenigen erhaltenen Mithräen (Tempel des Mithras-Kults) in Europa. ■

Reiseregionen, Orte und Sehenswürdigkeiten

Golf von Neapel

Die faszinierende Landschaft vulkanischen Ursprungs entlang des Golfs von Neapel ist unbedingt eine Reise wert! Einmalige Naturerlebnisse bieten die Phlegräischen Felder, die Campi Flegrei. Auf dem über 150 Quadratkilometer großen Vulkangebiet westlich vom Vesuv soll sich einst der Eingang zur Unterwelt befunden haben – also bitte aufpassen! Zentrum des Gebiets ist die kleine Hafenstadt Pozzuoli mit dem Vulkan Solfatara. Etrusker, Griechen und Römer haben am Golf von Neapel spektakuläre Bauten hinterlassen, wie z.B. das Amphitheater der Römer in Cuma. Die berühmten Ausgrabungsstätten des antiken Pompeji, das beim Ausbruch des Vesuvs 70 n. Chr. unter Asche begraben wurde, sind ein Muss für Besucher und die archäologischen Ausgrabungen im Nachbarort Herculaneum gewähren einen beeindruckenden Einblick in das tägliche Leben der damaligen Bewohner.

Die Vista Points sind entlang der Küste von Westen nach Osten sortiert.

Cuma/Cumae ➡ D2

Auf der *tangenziale*, die von Neapel nach Pozzuoli führt, nimmt man die Ausfahrt »Arco Felice«, um bequem nach Cuma zu gelangen. Es wird angenommen, dass das antike Kyme eine der ersten griechischen Ansiedlungen (8. Jh. v. Chr.) im heutigen Italien war. Am **Monte di Cuma** kann man daher im **Archäologischen Park** die Überreste aus dieser Zeit bewundern, wie beispielsweise die Akropolis oder den Zeustempel.

Highlight aber ist die 1930 von dem Archäologen Amadeao Maiuri entdeckte Höhle, die sogenannte **Antro della Sibilla**, Grotte der berühmten Wahrsagerin Sibylle von Kyme, die schon von Vergil in Versform bedacht wurde. Ein über hundert Meter langer Gang, trapezförmig gebaut mit sechs Seitentunneln, durch die auch heute noch sehr geheimnisvoll das Tages-

Ruinen des antiken griechischen Zeus-Tempels im Archäologischen Park von Cumae

licht fällt, geleitet den Besucher zu dem magischen Orakelort.

Archäologischer Park ➡ D2
Via Acropoli 1, Cuma
✆ 081 854 30 60
Tägl. 9 Uhr bis 1 Std. vor Sonnenuntergang, Eintritt € 8/4
Überreste des antiken Kyme aus dem 8. Jh. v. Chr.

Pozzuoli ➡ D3

Die Hafenstadt Pozzuoli (etwa 81 700 Einw.) am Golfo di Pozzuoli, einer Nebenbucht des Golfo di Napoli, gehört zu den **Campi Flegrei**, den Phlegräischen (griech. *phlegraios* = brennenden) Feldern, und liegt am Rand des **Vulkans Solfatara**. Schwefeldämpfe steigen noch immer aus der Erde und signalisieren, dass der Vulkan keineswegs erloschen ist. Die berühmte Schauspielerin Sofia Scicolone, den meisten unter dem Namen Sophia Loren bekannt, hat hier ihre Jugend verbracht. Wer erleben will, wie authentisch und lebendig diese Stadt ist, sollte unbedingt den Fischmarkt am Hafen besuchen, der immer vormittags (außer sonntags) abgehalten wird.

Die Geschichte der 528 v. Chr. gegründeten Stadt ist geprägt von schweren Vulkanausbrüchen. Der letzte fand 1980 statt und richtete im Zentrum des Hafens schwere Schäden an. Daher sind Teile des Altstadtviertels, der **Rione Terra**, das auf einem steilen Felsen liegt, bis heute gesperrt. Leer stehende Häuser verfallen, einige konnten mit Hilfe privater Initiativen wieder instand gesetzt werden. Da Archäologen hier mit den Ausgrabungen der antiken römischen Hafenstadt begonnen haben, kann man einige bereits ans Tageslicht beförderte, sehr gut erhaltene Gebäude besichtigen.

In der Oberstadt trifft man auf das am besten erhaltene antike

Eingang zum Vulkan Solfatara in Pozzuoli

Gebäude der Stadt, das **Anfiteatro Flavio,** drittgrößtes Amphitheater Italiens. Mehr als 30 000 Zuschauer hatten auf den ehemals drei Besucherreihen des im 1. Jahrhundert n. Chr. erbauten Theaters Platz, um gebannt die Kämpfe zwischen Mensch und Tier *(venationes)* zu verfolgen. Die Tiere wurden bis zu ihrem »Auftritt« in einem extra dafür ausgebauten Untergeschoss gehalten, einem bis heute beeindruckenden Wirrwarr von Gängen und Türen. Die Außenfront, von der nur noch Reste erhalten sind, hatte drei Arkadengeschosse.

Obwohl der Name es nahelegt, handelt es sich bei dem antiken **Tempio di Serapide** an der Via Romana nicht um einen Tempel, sondern vielmehr um eine viereckige römische Markthalle (2. und 3. Jh.), in der die Statue des ägyptischen Gottes Serapis gefunden wurde. Da sich der Boden des antiken Bauwerks wegen dauernder Senkungen und Hebungen der vulkanischen Erde unter Wasser befindet, kann das Gebäude nur von außen besichtigt werden.

Schwefelkrater am Vulcano Solfatara: Die Römer glaubten, hier sei der Eingang zur Unterwelt

Pozzuoli ➡ D3
Via Tito Livio 4, Pozzuoli
✆ 081 855 11 11
www.comune.pozzuoli.na.it

Anfiteatro Flavio
Corso Nicola Terracciano 75
Pozzuoli
✆ 848 80 02 88
Tägl. außer Di 9 Uhr bis 1 Std. vor Sonnenuntergang,
Eintritt € 4/2
Das drittgrößte Amphitheater Italiens.

Putipu Bistrot ➡ D3
Via Giovanbattista Pergolesi 31 B
Pozzuoli
✆ 081 19 36 96 28
Tägl. 11–15 und 19–23.30 Uhr
Elegantes Lokal mit leckeren Fischgerichten. €€€

Fischmarkt ➡ D3
Jeden Vormittag zwischen 7 und 12 Uhr ist rings um das malerische Hafenbecken, die *Darsena*, die Hölle los, denn dann wird hier genauso lautstark wie farbenprächtig der Fischmarkt abgehalten. Auch wenn Sie nichts kaufen möchten, sollten Sie sich dieses Spektakel nicht entgehen lassen.

Ausflugsziele:

Vulcano Solfatara ➡ D3
Via Solfatara 161, Pozzuoli
Von Pozzuoli aus auf der Via Solfatara erreichbar, ca. 10 km von Neapel entfernt
✆ 081 526 23 41
www.vulcanosolfatara.it
Tägl. April–Okt. 8.30–19, Nov.–März 8.30–16.30 Uhr, Eintritt € 8/5 Ein einmaliges Naturschauspiel: Der Vulkan, der zu dem Gebiet der **Campi Flegrei**, der Phlegräischen Felder, gehört, ist ein noch aktiver Vulkan, aus dessen ca. 250 m tiefen Senke es qualmt und raucht. Pflanzen sucht man in dieser Mondlandschaft vergeblich. In der Antike sah man die Schwefelgrube des Vulkans Solfatara als Eingang zur Unterwelt an. Das war den furchtlosen Römern jedoch offensichtlich egal – sie nutzten die heißen Quellen als natürliche Thermalbäder und Saunen. Nach einem tragischen Unfall wird momentan das Sicherheitskonzept überarbeitet; so lange sind Besichtigungen des Vulkans nicht möglich.

Monte Nuovo ➡ D2
Nomen est omen – jedenfalls gilt das für diesen ca. 150 m hohen (neuen) Berg zwischen Pozzuoli und dem Ort Baia, denn bis 1537 gab es diese Erhebung nicht. Erst nach schweren Erdbeben im Jahr 1538 schob sich der Hügel aus der Erde – und zwar in wenigen Stunden – und versetzte die Menschen mit seinem plötzlichen Erscheinen in Angst und Schrecken.

Parco Archeologico e Monumentale di Baia ➡ D2
Via Sella di Baia 22, Baia
✆ 081 523 55 93
Tägl. außer So 9 Uhr bis 1 Std. vor Sonnenuntergang
Eintritt € 5/3
Bereits in der Antike schätzten die Römer diese Gegend aufgrund

der heilkräftigen Quellen, wie die antiken Ruinen der vier Thermen im 14 ha großen archäologischen Park eindrucksvoll unter Beweis stellen. Glaubt man nicht gesicherten Erkenntnissen, ließ sich Caesar am Ende der Bucht ein Feriendomizil bauen, um hier dem Badekult zu frönen.

Castello Aragonese mit Museo Archeologico dei Campi Flegrei ➡ D2
Baia, ✆ 081 99 19 59
Di–So 9–19 Uhr, Eintritt € 6
Das archäologische Museum in der trutzigen Burg von 1490 zeigt antike Funde aus unterschiedlichen Epochen.

Piscina Mirabile ➡ D2
Via Piscina Mirabile 10
Bacoli
✆ 033 86 85 32 78
www.comune.bacoli.na.it
Tägl. 9 Uhr bis 1 Std. vor Sonnenuntergang
12 Mio. Liter Wasser konnten in der 70 m langen Zisterne *Piscina mirabilis* nahe Bacoli, etwa 2 km südlich von Baia, gespeichert werden. Kaiser Augustus (1. Jh. n. Chr.) ließ sie bauen, um die in Miseno stationierte römische Flotte mit Wasser zu versorgen.

Lido di Capo Miseno
➡ D/E2
Steil in den Himmel ragt der Felsen des Kaps Miseno, zu dessen Füßen ein wunderbarer Strand liegt, der bevorzugt von Familien mit Kindern aufgesucht wird.

4 Ercolano/Herculaneum
➡ D4
Die meisten Besucher interessiert weniger die neue Stadt Ercolano mit ihren 54 000 Einwohnern, sondern vielmehr das antike **Herculaneum**, eine kleine Hafenstadt mit einst 5000 Bewohnern, das – ähnlich wie Pompeji – bei dem gewaltigen Vesuvausbruch im Jahr 79 n. Chr. von bis zu 20 Meter hohen Lava- und Schlammmassen komplett begraben wurde. Während Pompeji seinerzeit ein blühendes Wirtschaftszentrum mit regem Handel und prächtigen Villen war, lebte in Herculaneum, das laut Legende von dem griechischen Halbgott Herakles gegründet worden sein soll und Herakleion hieß, die einfache Bevölkerung, deren Alltag anhand der sehr gut erhaltenen Überreste nachzuvollziehen ist. Man lebte hauptsächlich vom Fischfang. Die zu Tuff verhärtete Lava- und Schlammschicht konser-

Über den Ruinen des versunkenen Herculaneum thront die moderne Stadt Ercolano

vierte die Stadt fast 2000 Jahre lang. Die Zahl der Toten beim Vulkanausbruch kann nicht genau beziffert werden, Fakt ist lediglich, dass bislang 120 Skelette gefunden wurden. Erst ein Drittel des Städtchens konnte von den Archäologen freigelegt werden. Die Ausgrabungen, die 1738 begannen und erst seit 1927 professionell durchgeführt werden, gestalten sich sehr schwierig, da die neue Stadt Ercolano genau auf dem Ausgrabungsfeld errichtet wurde.

Für den sehr lohnenswerten Rundgang durch den antiken Römerort sollte man einen halben Tag einplanen, denn es gibt viel zu entdecken und zu bestaunen. Für einen guten Überblick ist an der Kasse ein Lageplan erhältlich. Besonders sehenswert sind die **Thermen**, die **Casa del Nettuno**, das imposante Geschäftshaus eines römischen Wein- und Ölhändlers, die **Casa del Bicentenario** mit sehenswerten Bodenmosaiken, die **Casa dei Cervi**, das berühmte Haus der Hir-

Miglio d'Oro – Goldene Meile

Der Bau der Sommerresidenz von Karl I., König von Neapel, 1742 in Portici sollte für diese traumhaft schöne Region nicht ohne Folgen bleiben. Denn es galt beim Adel als schick, sich in der Nähe der königlichen Gemächer eine eigene Sommervilla errichten zu lassen. Den ganzen Sommer über genoss man hier das Dolce Vita, vergnügte sich bei Theateraufführungen, opulenten Festen und auf rauschenden Bällen. Um die 500 »Ville Vesuviane« waren es, die in den nächsten Jahren zwischen Portici und Torre Annunziata gebaut wurden, eine prächtiger als die andere. Zu Recht wurde diese Region daher auch »Goldene Meile« genannt. Heute ist von dem damaligen Glanz leider nicht mehr viel zu sehen, weil nur noch etwa 120 Villen – in zum Teil nicht sehr repräsentativem Zustand – erhalten sind.

Eine der prächtigen »Ville Vesuviane«: die Villa Campolieto bei Ercolano

sche im malerischen Garten der Therme Suburbane mit kostbaren Mosaik- und Marmorarbeiten.

Pro Loco Herculaneum ➡ D4
Corso Resina 187 (am oberen Eingang der Scavi), 80056 Ercolano
✆ 081 012 09 30, April–Okt.
www.comune.ercolano.na.it

4 Herculaneum/Ercolano Scavi ➡ D4
Corso Resina 1, Ercolano
✆ 081 732 41 11
www.pompeiisites.org
Tägl. April–Okt. 9–19.30, Nov.–März 9–17 Uhr, Kassenschluss 1 Std. früher, Eintritt € 11, Kombiticket mit Pompeji, Villa Oplontis, Stabia, Boscoreale € 22, bis 17 J. frei
Archäologische Ausgrabungsstätte von Ercolano.

Villa Campolieto ➡ D4
Corso Resina 283, Ercolano
✆ 081 40 53 93
Tägl. außer Mo 10–13 Uhr
Eintritt € 6/3
Die Villa Campolieto ist beispielhaft für die prächtigen Villen, die sich reiche Adelige aus Neapel an der »Goldenen Meile« (vgl. S. 28) bauen ließen.

Pizzeria Luna Caprese sas di Luna Michelina ➡ D4
Via Quattro Novembre 68
Ercolano
✆ 081 777 15 43
Tägl. geöffnet
Authentische napoletanische Pizzen, freundliche Bedienung, humane Preise, eine klare Empfehlung. €–€€

Ausflugsziele:

Museo Ferroviario Nazionale di Pietrarsa ➡ D4
Traversa Pietrarsa 45, Pietrarsa
✆ 081 47 20 03
www.museopietrarsa.it
Do 14–20, Fr 9–16.30, Sa/So 9.30–19.30 Uhr, Eintritt € 7/5

Kopf einer Amazone aus Herculaneum

Das Museum in Pietrarsa ist mit seinen alten Waggons und Lokomotiven der italienischen Eisenbahn (ab 1839) ein absolutes Muss für alle großen und kleinen Lok-Fans.

Palazzo Reale von Portici ➡ D4
Via Università 100, Portici
✆ 081 253 93 80
Bei laufendem Universitätsbetrieb Mo–Fr teilweise zu besichtigen
Eintritt frei
Der Bourbonenkönig Karl I., König von Neapel, und seine Gattin, Maria Amalia von Sachsen, ließen sich 1742 am Fuße des Vesuvs in Portici, etwa einen Kilometer von Ercolano entfernt, ihre Sommerresidenz errichten. Heute ist im Königsschloss die Fakultät für Agrarwissenschaften der Universität von Neapel untergebracht. Der Park des prächtigen Anwesens wurde 1872 als Botanischer Garten angelegt, ist aber leider nur auf Anfrage zu besichtigen.

Liebhaber von Eisenbahnen zieht es sicherlich auch zum **Bahnhof** des Ortes. Schließlich führte die erste Eisenbahnstrecke Italiens (1839) von Neapel nach Portici.

Museo del Corallo e dei Cammei Basilio Liverino ➡ D4
Corso Avezzana 24, Torre del Greco
✆ 081 881 10 28
www.antoninodesimone.it
Besichtigung nur mit Führung (Sa nur bis 13 Uhr) nach tel. Anmeldung, Eintritt € 3
Das Korallenmuseum zeigt, wie in diesem eher unscheinbaren Ort seit Jahrhunderten aus Muscheln und Korallen Schmuckstücke und Gemmen entstehen.

Der Vulkan und sein berühmtestes Opfer: die Ruinen von Pompeji vor der Silhouette des Vesuvs

5 Vesuv ➡ D5

Dass der Vulkan Vesuv zum Wahrzeichen der Stadt Neapel geworden ist, kann man verstehen, wenn man vom Kraterrand aus den weiten Panoramablick auf die Stadt genießt. Fast 600000 Menschen leben zu Füßen des majestätischen Bergs, der zwar seit 1944 nicht mehr raucht, jedoch alles andere als erloschen ist. Im 1845 unter dem Bourbonenkönig Ferdinand II. erbauten Observatorium, dem **Osservatorio Vesuviano** (www.ov.ingv.it), beobachten Wissenschaftler aus aller Welt den schlafenden Riesen rund um die Uhr.

Wenn man heute den 1281 Meter hohen Vesuv (www.vesuvioinrete.it) erklimmt, gewinnt man den Eindruck, dass es sich um ein friedlich schlafendes Monster handelt, das aber – und diese Tatsache wird jedem spätestens bei einem Blick in den immerhin ca. 200 Meter tiefen Krater klar – jederzeit wieder aufwachen und unsägliches Unheil verursachen kann. Bei seinem letzten Ausbruch im Jahr 1944 hat der gefährliche Gigant immerhin 250 Kubikmeter Lava aus seinem Inneren befördert! Von diesem fruchtbaren Boden profitiert heute die Pflanzenwelt und dankt es mit einer wahren Blütenpracht (u. a. Orchideen). Zu Recht wurde daher die 8482 Hektar große Region um den Vulkan 1991 zum **Parco Nazionale del Vesuvio** erklärt.

Fast eine Stunde dauert der Aufstieg zum Krater (Durchmesser ca. 600 m), der über viele Lavabrocken und Steine führt. Daher unbedingt auf feste Wanderschuhe achten! Wer den lohnenswerten Aufstieg auf sich nehmen möchte, fährt bis Ercolano mit der Circumvesuviana (Linie Napoli–Sorrento, www.vesuviana.it) und nimmt vom Bahnhof des Orts aus den Bus.

Parco Nazionale del Vesuvio ➡ D5
Via Palazzo del Principe (Castello Mediceo), Ottaviano
✆ 081 865 39 11
www.vesuviopark.it
Eintritt Kraterrand € 10/8, bis 1,2m Körpergröße frei, Einlass nur in Begleitung der Eltern
In dem kleinen Informationszentrum kann man auch Tickets kaufen.

6 Pompeji ➡ E5

Eigentlich hätten die Pompejaner bei dem schweren Erdbeben im Jahr 62 n. Chr. hellhörig werden sollen. Aber für sie ging von dem Vesuv, dem »Jupiter Vesuvius«, wie sie ihn nannten, keine Gefahr aus. Vielmehr verhalf der Berg ihnen zu Wohlstand und Ansehen, denn auf seinen fruchtbaren Hängen wuchsen sehr gute Weintrauben, die die Grundlage für den damaligen Hauptexportartikel Wein bildeten. Der Reichtum der lebensfrohen Stadt zeigte sich unter anderem in mehrstöckigen öffentlichen Gebäuden, Tavernen, 267 Handwerksbetrieben, Läden und den luxuriösen Häusern mit wertvollen Mosaiken und kostbaren Statuen.

»...Vom Vesuv her leuchteten an mehreren Stellen weite Flammenherde und hohe Feuersäulen auf, deren strahlende Helle durch die dunkle Nacht noch gehoben wurde. ... Schon war es anderswo Tag, dort aber Nacht, schwärzer und dichter als alle Nächte sonst ... Man hörte Weiber heulen, Kinder jammern, Männer schreien ... einige erklärten, es gebe nirgends noch Götter, die letzte, ewige Nacht sei über die Welt hereingebrochen ...«, so beschreibt Plinius der Jüngere den Vesuv-Ausbruch am 24. August 79 n. Chr.

Die Überreste des Forums von Pompeji

Gegen 10 Uhr begann der böse Spuk, gegen 13 Uhr hatte sich der Vulkan wieder beruhigt, jedoch die Städte und Dörfer unter ihm mit einer vier Meter dicken Schicht aus Asche, Lava und Schlamm komplett erstickt. Unvorstellbar große Mengen an glühender Magma schossen aus der Tiefe des Vulkans hervor, flossen die Hänge des Bergs hinab bis weit ins Meer hinein und walzten alles nieder, was sich in den Weg stellte. Bei

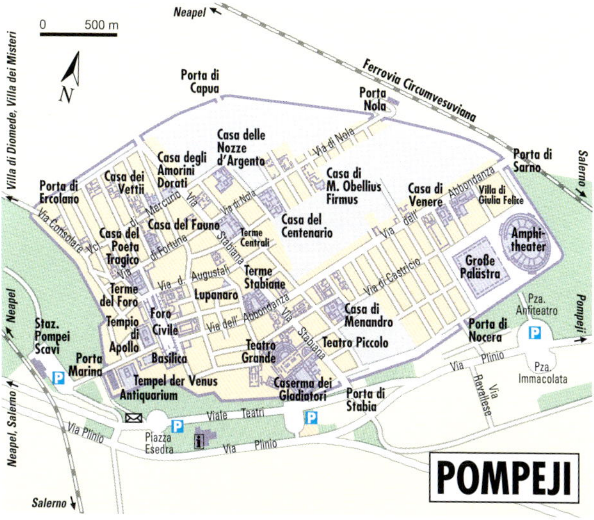

diesem Vulkanausbruch wurde auch die Struktur des Bergs völlig verändert. Kein Wunder, denn die Eruptionssäule, die sich bei der Explosion gebildet hatte, war ganze 30 Kilometer hoch. Die Küstenlinie verschob sich etwa zwei Kilometer weiter ins Meer, der Vulkangipfel Vesuvio entstand und der sogenannte Somma-Vulkan, ein kleinerer Vulkan, verlor immens an Höhe. Eine Fläche von mehr als 300 Quadratkilometern wurde in eine unwirkliche Wüste aus Asche ohne jegliches Leben verwandelt.

Die Ausgrabungsarbeiten in Pompeji begannen im Jahr 1748 unter der Regie des Bourbonenkönigs Karl und sind bis heute nicht abgeschlossen. Das Areal, das aktuell besichtigt werden kann, umfasst etwa zwei Drittel der ursprünglichen antiken Stadt.

Mindestens einen halben Tag Zeit sollte man sich für die Besichtigung des im 6. Jahrhundert v. Chr. gegründeten und im Jahr 1997 zum UNESCO-Weltkulturerbe ernannten **Pompeji** nehmen. Wer sich noch ausführlicher mit den antiken Originalfunden beschäftigen möchte, sollte unbedingt dem Archäologischen Museum in Neapel (vgl. S. 18) einen Besuch abstatten. Und noch ein Tipp für Ihren Rundgang durch die römische Stadt: Da man hauptsächlich auf antiken Pflastersteinen schlendert und das Gelände sehr weitläufig ist, sollte man auf festes und bequemes Schuhwerk achten!

Tourist Information ➡ E5
– Via Sacra 1, 80045 Pompeji
– Piazza Marina Inferiore 11 (gleich beim Eingang Porta Marina)
✆ 081 850 72 55
www.pompeiturismo.it
www.pompeisepolta.com

Pompeji Scavi ➡ E5
Eingang Porta Marina, Pompeji
✆ 081 857 53 48 (Tickets)
✆ 081 857 53 31 (geführte Besichtigungen)
Tägl. April–Okt. 9–19.30, Nov.–März 9–17 Uhr, Kassenschluss jeweils 90 Min. früher
Eintritt € 15, Kombiticket mit Villa Oplontis, Stabi, Boscoreale und Herculaneum vgl. dort, bis 17 J. frei
Archäologische Ausgrabungsstätte.

Il Principe ➡ E5
Via Colle San Bartolomeo (im modernen Pompeji)
✆ 081 850 55 66
www.ilprincipe.com
Tägl. 11.30–15.30 und ab 19 Uhr

Eine der Prachtbauten für die Reichen und Schönen im untergegangenen Pompeji: die Casa del Menandro

Rundgang durch das antike Pompeji

Fragment eines tönernen Beckens aus dem 6. Jh. v. Chr.

Sobald man das antike Gelände durch das antike Stadttor, die **Porta Marina**, betritt, wird das Rad der Zeit um 2000 Jahre zurückgedreht. Vorbei am **Antiquarium** mit seinen berühmten »Gipsmenschen«, der großen Basilika (130–120 v. Chr.) und etlichen Tempios gelangt man zur **Terme di Foro**, einer großen Badeanlage. Besondere Aufmerksamkeit sollte man den prächtigen Privatvillen schenken, wobei die schönsten Vertreter nördlich dieser Therme zu finden sind, wie die **Casa del Poeta Tragico** (Haus des Tragödiendichters) mit dem oft kopierten Fußbodenmosaik, das einen Hund und die Inschrift »Cave Canem« (Vorsicht vor dem Hund) zeigt. Die gut erhaltene **Casa dei Vetti** am Vicolo di Mercurio hat wunderbare Wandmalereien und einen verwunschenen Innenhof mit einem Brunnen. In der **Casa degli Amorini Dorati** (Haus der vergoldeten Amoretten) wohnten vermutlich die Schwiegereltern von Nero. Ebenfalls sehenswert sind die **Casa di Venere in Chonchiglia** mit dem übergroßen Fresko »Venus mit Muschel« und die benachbarte **Villa Giulia Felice** (Villa der glücklichen Julia).

Man bestaunt den **Tempel der Venus**, einen der drei Tempel am Forum, und schlendert auf der **Decumanus Maior**, der Hauptgeschäftsstraße, entlang. Dass die Pompejaner keine Kinder von Traurigkeit waren, beweisen die 25 **Freudenhäuser** *(lupanare)* in einer kleinen Gasse nahe dem Decumanus Maior.

Aber auch die Kunst kam damals nicht zu kurz, wie man am **Teatro Grande** (großes Theater) mit 5000 Plätzen, dem **Teatro Piccolo** (kleines Theater) und dem 20 000 Besucher fassenden, ältesten noch erhaltenen **Amphitheater** sehen kann.

Etwas außerhalb des Stadtgebiets liegt die luxuriöse **Villa dei Misteri**, eine prächtige Landvilla aus dem Besitz der kaiserlichen Familie. Besonders beeindruckend ist der monumentale Bilderzyklus im **Triclinum** mit 29 lebensgroßen Figuren, der vermutlich ein junges Mädchen bei der Einweihung in den Dionysos-Kult darstellt. Doch man sollte bei all der herrlichen Kunst in der Villa nicht vergessen den ergreifenden Meerblick von der Terrasse aus zu genießen. So ließ es sich ohne Frage gut leben!

Fachbegriffe, auf die man in Pompeji häufig stößt

Impluvium – Regenwasserbecken
Fullonica – Wäscherei
Tempio di Giove – Jupitertempel
Caldarium – heißes Bad
Tepidarium – lauwarmes Bad
Frigidarium – kaltes Bad
Foro Civile – öffentlicher Platz
Palästra – Sportplatz
Comitio – Wahllokal
Suburban – unter der Stadt
Marcellum – überdachte Markthalle

Beste italienische Küche in stilvollem Ambiente. Unbedingt reservieren! Mit Weinbar. €€€

Ausflugsziel:

Villa Oplontis ➡ E5
Via dei Sepolcri 1
Torre Annunziata
✆ 081 857 53 47
www.pompeiisites.org
Tägl. April–Okt. 9–19.30, Nov.–März 9–17 Uhr, Kassenschluss jeweils 90 Min. früher, Kombiticket vgl. Herculaneum, Eintritt mit Boscoreale € 7
Auch die Villa Oplontis (um 50 v. Chr. erbaut, etwa 1 km vom Ort Torre Annunziata entfernt) wurde bei dem Ausbruch des Vesuvs im Jahr 79 n. Chr. unter Asche und Lava begraben. Sie gilt als schönste erhaltene Villa aus römischer Zeit. Archäologen vermuten, dass dieser herrliche Landsitz einst Poppea, der zweiten Frau Neros, gehörte, die bekannt dafür war, in Saus und Braus zu leben.

Die Wände ihrer 94 (!) Zimmer ließ die wählerische Dame mit perspektivischen Malereien und Trompe-l'Œil-Bildern schmücken. Wunderschön anzusehen sind auch die Fresken im Schwimmbad und in der Thermenlandschaft.

Fresko in der Villa Oplontis, wo einst Neros zweite Frau residierte

Castellammare di Stabia

➡ E5

Die Stadt im Norden der Halbinsel Sorrent, mit der Circumvesuviana (Linie Napoli–Sorrento) von Neapel oder mit dem Bus »Linea Azzurra« zu erreichen, wurde wieder und wieder durch schwere Erdbeben in Mitleidenschaft gezogen, das letzte ereignete sich 1980. Doch die Touristen kommen weniger wegen des Orts hierher, vielmehr zieht es alle in das oberhalb gelegene **Antiquarium Stabiano** ➡ E6. Hier kann man antike Fundstücke wie Fresken und Statuen besichtigen, die aus den beiden Villen, den Ville Romane, stammen.

Tourist Information ➡ E5
Piazza Matteotti 34
80053 Castellammare di Stabia
✆ 081 871 13 34

Antiquario Stabiano ➡ E6
Via Passeggiata Archeologica 1
Castellammare di Stabia
✆ 081 870 72 28
Tägl. außer Mo 9 Uhr bis 1 Std. vor Sonnenuntergang
Eintritt € 6/3
Das archäologische Museum präsentiert sehr anschaulich mehr als 8000 Fundstücke des antiken Stabia.

Ausflugsziel:

Monte Faito ➡ E5
Fast 1200 Meter ist der Monte Faito hoch, der Berg in der Nähe des Ortes Castellammare, dessen Besteigung sich wegen des herrlichen Blicks auf den Golf von Neapel unbedingt lohnt. Für das Erklimmen des Bergs bieten sich zwei Möglichkeiten: entweder per pedes oder mit der Seilbahn ab Castellammare. Im Winter ist die Gondel allerdings nicht in Betrieb. Die Abfahrtszeiten erfährt man bei der Tourist Information von Castellammare di Stabia.

Die vulkanische Isola d'Ischia mit dem Ortsteil Ischia Ponte

Isola d'Ischia

Mit ihren 46 Quadratkilometern ist die malerische Isola d'Ischia (gesprochen *Iskija*, 62 000 Einw.) die größte der Isole Flegrei im Golf von Neapel. Ihre Entstehung hat das bereits 3500 v. Chr. besiedelte Eiland einem unterirdischen Vulkan zu verdanken. Der einstige Hauptort namens Pythecusa wurde von griechischen Siedlern gegründet.

Über 100 Schwefelquellen, die auch heute noch ihren gesundheitsfördernden Dampf verströmen, haben der Insel bereits zu Zeiten der Römer zum Bädertourismus verholfen. Heute ist Ischia fest in der Hand von jährlich über fünf Millionen Kurgästen, die beispielsweise die zauberhaft in mediterranen Gärten gelegene Thermallandschaft Negombo genießen. Das Innere der grünen Insel mit ihren exotischen Pflanzen ist ein Paradies für wanderfreudige Urlauber. Um den erloschenen Vulkanberg, den Monte Epomeo (788 m), gruppieren sich sechs Gemeinden: Ischia, Casamicciola, Lacco Ameno, Forio, Serrara Fontana und Barano.

Die Vista Points sind entlang der Küste von Nordosten nach Südwesten sortiert.

Ischia ➡ bB/bC3/4

Die im Nordwesten gelegene Hauptstadt der Insel teilt sich in zwei Hälften: **Ischia Porto** ➡ bB/bC3/4 (Ischia Hafen) und **Ischia Ponte** ➡ bC4 (Ischia Brücke). Das runde Hafenbecken von Ischia Porto, das gemessen an seiner Größe täglich sehr viele ankommende und abfahrende Schiffe erdulden muss, war vor etwa 160 Jahren noch ein Kratersee, den man dann zum Meer hin öffnete und damit die schmale Hafeneinfahrt schuf. In diesem Hafen geht es wegen der vielen eintreffenden Tagestouristen ziemlich turbulent zu.

Wer mehr Ruhe sucht und ursprüngliches inseltypisches Flair erleben möchte, sollte einen gemütlichen Bummel durch das alte Viertel **Borgo del Celso** ➡ bC4 in Ischia Ponte unternehmen. Man schlendert durch die schmalen Gassen, die von meist einfachen Häusern malerisch gesäumt sind, vorbei an der barocken **Catte-**

Durch eine Brücke ist das Castello Aragonese mit Ischia verbunden

drale Santa Maria Assunta mit ihrem kostbaren Kreuz aus Holz (13. Jh.), der **Kapelle Santa Maria Constantinopoli** und dem von Seeleuten errichteten Gotteshaus, der **Chiesa Spirito Santo** (16. Jh.). An schönen Fotomotiven wird es in dem hübschen Stadtteil sicherlich nicht mangeln!

Im prächtigen **Palazzo dell' Orologio** in Ischia Ponte, gleich am Anfang der Via L. Mazzella, lädt das **Meeresmuseum** zu einem Besuch ein. Auf drei Etagen findet man alte und neue Exponate, die sich mit dem Thema Seefahrt rund um Ischia beschäftigen.

Wer Ruhe und Erholung sucht, findet diese im **Stadtpark** an der Piazza degli Eroi. Diese große Parkanlage mit unzähligen alten Pinien wurde 1853–55 von dem Hofbotaniker Giovanni Gusso auf der erstarrten Lava des 1301 ausgebrochenen Arso-Vulkans angelegt.

Schlendert man vom Ortskern aus auf der Via Michele Mazzella in Richtung Barano, gelangt man zu einer zweistöckigen Arkadenreihe, die aus Tuff- und Ziegelsteinen errichtet wurde. Die Einwohner nennen dieses historische Bauwerk **»I Pilastri«**. Auch wenn der optische Eindruck auf die Römerzeit verweist, stammen die Arkaden aus dem 17. Jahrhundert.

Das mächtige, 112 Meter hohe Felsmassiv im Meer, von den Einheimischen liebevoll »Lo Scoglio« genannt, das durch die autofreie, schmale Via Leonardo mit Ischia Ponte verbunden ist, war wie geschaffen dafür, hier das imposante **Castello Aragonese** ➡ bC4 zu errichten. Schon Hieron, Tyrann von Syrakus, ließ nach der Eroberung der Insel (474 v. Chr.) eine Burg in dieser strategisch günstigen Lage errichten. Unter Alfonso d'Aragon, König von Neapel, wurde das Bollwerk 1438 großzügig erweitert. Während in der riesigen Festungsanlage im 18. Jahrhundert noch mehr als 2000 Menschen lebten, diente die Burg im 19. Jahrhundert als Gefängnis.

Seit 1912 wacht die Familie Mattera als Burgherren über die Festungsanlage. Gabriele Mattera, Sohn der Familie und ein bekannter Künstler, malte die Bilder für das burgeigene, sehr edle Hotel Il Monastro. 2002 wurde die Burg – als Symbol für Ischia – von Papst Johannes Paul II. gesegnet.

Ein Fahrstuhl führt auf den Burgberg. Wer möchte, kann auch den 475 Meter langen, 10 Meter breiten und bis zu 5 Meter hohen Tunnelgang nehmen. Oben angekommen genießt man sensationelle Panoramablicke auf die Nachbarinseln Capri und Procida sowie den Golf von Neapel. Die zehn Steinstühle in der Krypta der Kirche des ehemaligen Klarissinnenklosters, der **Chiesa dell'Immacolata** (drei Kirchen insgesamt), muten makaber an. Auf diese setzte man die verstorbenen Nonnen und ließ sie einfach verwesen. Die verbleibenden Knochen fielen durch eine Öffnung im Sitz in ein großes Becken. Damit sollten die lebenden Nonnen täglich an die Vergänglichkeit des irdischen Lebens erinnert werden. Die Besichtigung der Anlage ist besonders wegen des Panoramablicks vom Felsmassiv aus zu empfehlen.

Wer auch an kühleren Tagen baden möchte, besucht die landschaftlich reizvolle **Cartaromana-Bucht** ➡ bC4 bei Ischia Ponte. Hier sammelt sich 40 bis 50 Grad Celsius warmes Wasser in Felsenbecken, um dann ins Meer abzufließen. Busse von Ischia Porto bringen den Besucher schnell und unkompliziert zur Via Nuova Cartaromanna. Von dort führen Treppen zu dem Strand, der selbst während der Hochsaison nicht überlaufen ist.

Tourist Information ➡ bC4
Via la Solino 7
80077 Ischia Ponte
✆ 081 507 42 31
www.ischiaonline.it
www.infoischiaprocida.it

Museo del Mare im Palazzo dell'Orologio ➡ bC4
Am Anfang der Via L. Mazzella
Ischia Ponte
✆ 081 98 11 24
www.museodelmareischia.it
Tägl. Juli/Aug. 10.30–12.30 und 18.30–22, April–Juni, Sept./Okt. 10.30–12.30 und 15–19, Nov.–Jan., März 10.30–12.30 Uhr, Feb. geschl., Eintritt € 3
Meeres- und Seefahrtsmuseum: verteilt auf drei Etagen werden interessante Exponate (u. a. Schiffsmodelle, alte Gallionsfiguren und historische Fotos) zum Fischeralltag auf Ischia gezeigt.

Castello Aragonese ➡ bC4
✆ 081 99 28 34
www.castelloaragoneseischia.com
März–Nov. tägl. 9 Uhr bis Sonnenuntergang, Eintritt € 10/6
Die Burg liegt auf einer kleinen Felseninsel an der Ostseite von Ischia und ist mit einer 200 m langen Brücke mit dem alten Ort Borgo di Celsa verbunden.

Ristorante Pizzeria da Umberto ➡ bB4
Via Roma 79, Ischia Porto
✆ 081 99 15 81
Tägl. 12–15 Uhr und 19.30–1 Uhr
Nahe dem Hafen, sehr leckere Pizzen, viele Einheimische, freundlicher Service. Unbedingt die Muschelgerichte probieren! €–€€

Music Bar Calise ➡ bC4
Piazza degli Eroi 69
Ischia Porto
✆ 081 99 12 70

Insel der Vasen

Die Herstellung von hübschen Keramikgegenständen hat auf Ischia eine lange Tradition. Schon bei den Griechen hieß die Insel *Pithekoussai* – Insel der Vasen. Auch heute werden hier noch mit naiven, traditionellen oder religiösen Motiven bemalte Vasen in unterschiedlichsten Größen angeboten, so etwa bei der Terrakotta-Fabrik Mennella & Co. in Sacamicciola (via Salvatore Giradi 47). Das Traditionsunternehmen kann auf eine über 400-jährige Familiengeschichte zurückblicken. Farbenfrohe Objekte gibt es auch in Ischia Ponte bei Filippo Cianciarelli zu entdecken (Via L. Mazzella 113, www.ceramiche.cianciarelli.it).

Keramikunst an einer Hauswand

Der Hafen von Casamicciola

www.barcalise.com
Tägl. außer Mo 18–2 Uhr
Wer sich gutes Eis und ebensolche *Dolci* (süße Nachspeisen) auf der Zunge zergehen lassen möchte, sollte der 1925 gegründeten Bar Calise einen Besuch abstatten, ist sie doch eine der besten Eisdielen und Cocktailbars der Insel. Sehenswerte Inneneinrichtung im Art-déco-Stil.

Discoteca Valentino Pianobar ➡ bC4
Corso Vittoria Colonna 9
Ischia Porto
✆ 081 98 25 69
www.valentinoischia.eu
Tägl. ab 21 Uhr
Wer mal wieder richtig abtanzen möchte, ist hier richtig.

Weingut Cenatiempo ➡ bB3
Via B. Cosa 104, Ischia Porto
✆ 081 98 11 07
www.cenatiempovinidischia.it
Nur nach Anmeldung
In dem traditionell arbeitenden Familienbetrieb aus dem Jahr 1945 werden feine Rot- und Weißweine hergestellt. Probiert werden können die Köstlichkeiten in einem historischen Weinkeller aus dem 17. Jh., der in den Kalimera-Hügel gebaut wurde.

Terme di Ischia ➡ bC4
Via delle Terme 15, Ischia Porto
✆ 081 98 54 89
www.termeischia.eu
Ganzjährig geöffnet
Moderne Therme mit gepflegter Parkanlage.

Casamicciola ➡ bB3

Das älteste Kurbad der Insel findet man in Casamicciola (8400 Einw.). Es ist übrigens die einzige Gemeinde auf der Insel, die den Beinamen Therme (ital. Terme) führen darf – 1956 durch Dekret des Ministeriums ganz offizielle genehmigt.

Schon die Römer nutzten hier die heilende Kraft der Gurgitello-Quellen. Die lange Kurgeschichte zeigt sich auch im Wappen: Eine Frau hält ihre Beine in einen Fluss. Diese Person soll Nizzola sein, eine römische Frau, die nicht mehr laufen konnte und nach dem Baden in den Heilquellen wieder ganz gesund wurde.

Im 18. und 19. Jahrhundert kurte in dem Ort jeder, der Rang, Namen und vor allem Geld hatte. Der Kurbetrieb florierte und es entstanden etliche First-Class-Hotels. Der bekannte Dramatiker Henrik Ibsen kam sogar aus dem hohen Norden angereist, genauer gesagt aus Norwegen. In Casamicciola ließ er sich zu seinem berühmten Werk »Peer Gynt« inspirieren. Der 28. Juli 1883 beendete mit einem Schlag das schicke Kuren: Ein heftiges Erdbeben zerstörte den kompletten Ort. Allein hier waren über 1800 Tote zu beklagen. Nach einem zügigen Wiederaufbau konnte der Kurbetrieb wieder aufgenommen werden.

Die meisten Kurhotels befinden sich in dem malerisch an einem Hang liegenden Ortsteil **Bagni**. Hier findet man auch die **Therme Belliazzi**, die von den beiden Quellen, der 85 Grad heißen **Gurgitello-Quelle** und der **Quelle La Rita**, gespeist wird.

Bagni liegt – wie auch die Ortsteile Maio und Grand Sentinella – an den Ausläufern des Monte

Epomeo. In **Grand Sentinella**, wo zahlreiche prächtige Villen stehen, residierte 1864 eine weitere berühmte Persönlichkeit, der italienische Freiheitsheld Giuseppe Garibaldi. In der **Villa Zavota**, der heutigen Villa Parodi-Delfino (Via Castanito 68), ließ er sich (erfolgreich) gesund pflegen.

Wer Lust hat, kann die lohnenswerte Wanderung zum Krater des **Vulkans Fondo d'Oglio** (beschilderter Weg vom Hauptplatz aus) unternehmen. Oder man genießt einen Espresso auf der **Piazza Marina** und beobachtet dabei das quirlige Leben um sich herum.

Tourist Information Pro Casamicciola Terme ➡ bB3
Piazza Marina 62, Casamicciola
✆ 081 507 25 21
www.procasamicciola.it
Nov.–April geschl.

Fratelli Mennella ➡ bB3
Via Salvatore Girardi 47 (an der SS 70 am östl. Ortseingang)
Casamicciola
✆ 081 99 44 42, www.mennella.it
Mo–Fr 8–13 und 15–17, Verkauf bis 20 Uhr
Die herrlichen Keramikwaren der Brüder Menella, wie Vasen oder Majolikakacheln, die in der über 400 Jahre alten Keramik- und Terrakottafabrik hergestellt werden, gibt es in unterschiedlichsten Formen und Farben. Das Familienunternehmen, das die jahrtausendealte Keramik-Tradition auf der Insel wachhält, kann besichtigt werden.

Therme Belliazzi ➡ bB3
Piazza Bagni 122, Casamicciola
✆ 081 99 45 80
www.termebelliazzi.it
Tägl. 9–18 Uhr
Die etwas in die Jahre gekommene Therme verströmt den Charme vergangener Zeiten. Im Vordergrund stehen Fangobehandlungen und Salzduschen.

Lacco Ameno ➡ bB2

Auch die alten Griechen, die am Strand des kleinen Orts Lacco Ameno westlich von Casamicciola im 8. Jahrhundert v. Chr. landeten, schauten sicherlich erstaunt auf den Tufffelsen vor dem Hafen, dem Wind, Salzwasser und Sonne die Form eines riesigen Pilzes gaben und der aus eben diesem Grund **Il Fungo** (Pilz) heißt.

In der Krypta der Chiesa Santa Restituta am gleichnamigen Platz kann man im **Museo e Scavi di**

Wasser, Wind und Sonne gaben dem Tufffelsen »Il Fungo« (der Pilz) vor Lacco Ameno seine typische Form

Santa Restituta wertvolle Grabbeigaben bestaunen. Mit einer antiken Sensation wartet das **Museo Archeologico di Pithecusae** in der Villa Arbusto auf: Ausgestellt ist der berühmte »Becher des Nestor«, auf dem der älteste der im ganzen Mittelmeerraum erhaltenen griechischen Verstexte steht. Die prächtige **Villa Arbusto**, die die Räumlichkeiten für das Museum zur Verfügung stellt, stammt aus dem 18. Jahrhundert und verfügt über einen wunderschönen Garten mit Laubengängen, in dem man unbedingt eine kurze Rast einlegen sollte.

Museo e Scavi di Santa Restituta ➡ bB2
In der Krypta der Kirche Chiesa Santa Restituta, Piazza Santa Restituta, Lacco Ameno
✆ 081 99 24 42
Mi–Sa 9.30–12 und 15–17, So 9.30–12.30, Nov.–März nur Sa/So 9.30–12.30 Uhr, Eintritt € 4
Das unterirdisch angelegte Museum zeigt ganz unterschiedliche Ausgrabungsstücke aus der Region. Allein schon wegen seiner unterirdischen Lage einen Besuch wert.

Museo Archeologico di Pithecusae ➡ bB2
In der Villa Arbusto (nahe der Piazza Santa Restituta), Corso Angelo Rizzoli 210, Lacco Ameno
✆ 081 99 61 03, www.pithecusae.it
Di–Sa 9.30–13.30 Uhr, Eintritt € 5/1
Die prächtige Villa Arbusto aus dem 18. Jh. liegt auf einem Hügel und bietet traumhafte Panoramablicke. Das Museum zeigt einen bunten Mix aus antiken Fundstücken. Berühmtestes Ausstellungsstück ist der »Becher des Nestor«, eine kleine Schüssel, die bereits in Homers Illias erwähnt wird.

Amphore aus dem Museo Archeologico in der Villa Arbusto (Lacco Ameno, Ischia)

Ausflugsziel:

Thermalpark Negombo ➡ bB2
S. Montano Bay
✆ 081 98 61 52, 081 98 60 55
Tägl. außer Mo 8.30–19 Uhr
Eintritt € 32, ab 13.30 Uhr € 26
Allein schon wegen der traumhaft schönen Läge direkt an der malerischen San-Montano-Bucht lohnt sich ein Besuch des großen Thermenparks. Der Botaniker Luigi Silvestro Camerini (Entdecker der Pflanze Ipomea – Prunkwinde) erwarb das großzügige Areal im Jahr 1946 und ließ zusammen mit dem Gartenarchitekten Casasco einen Park angelegen. Wert gelegt wurde auf die Bepflanzung mit hauptsächlich exotischen Pflanzen aus Australien, Südamerika oder Südafrika. Der Regisseur Luchino Visconti war von der prachtvollen Anlage derart angetan, dass er hier Szenen seiner Filme »Kleopatra« und »Der Rote Korsar« drehte. Heute laden u. a. 14 Thermalbecken, leicht radioaktives heißes Wasser, Wasserfälle, ein großer Pool mit Meerwasser, Jacuzzi, ein eigener Strand und unzählige Wellnessangebote zum Entspannen ein. Stärkung findet man im Restaurant, im Lokal mit Selbstbedienung oder an der Bar.

Forio ➡ bC1

Der Hauptort Forio (14500 Einw.) ist die zweitgrößte Gemeinde der Insel. Er wird dominiert von den zinnengekrönten **Torrioni**, den Türmen der im 16. Jahrhundert gegen den Einfall der Sarazenen erbauten einstigen Wehranlage. Der deutsche Maler und Grafiker

Eduard Bargheer (1901–1979) verlegte seinen Wohnsitz vom kalten Deutschland hierher nach Forio und schuf u. a. das Mosaik in der Kirche am Corso Umberto, der **Chiesa Santa Maria di Loreto** (14. Jh.), die man auch wegen der herrlichen goldverzierten Kassettendecke besuchen sollte. Bargheer wurde 1948 zum Ehrenbürger von Forio ernannt.

Der Blick auf die malerisch auf einem Felsen stehende Wallfahrtskirche der Seefahrer, die **Chiesa Santa Maria del Soccorso** (auch italienisches Postkartenmotiv!), ist vor allem bei Sonnenuntergang grandios.

Tourist Information ➡ bC1
Piazza Medaglia d'Oro 10
80075 Forio
✆ 081 99 77 11
www.comune.forio.na.it

Umberto a Mare ➡ bC1
Via Soccorso 2, Forio
✆ 081 99 71 71
www.umbertoamare.it
Tägl. 12–23 Uhr, Nov.–Mitte April geschl.
Zugegeben, etwas tiefer muss man schon in die Tasche greifen, wenn man in diesem vornehmen Ambiente speisen will. Aber dafür schmeckt es wirklich ausgezeichnet und auch die Weinkarte ist bestens bestückt! €€€

Poseidon-Statue aus der Giardini di Poseidon Terme (Ischia)

Ausflugsziele:

D'Ambra Vini d'Ischia ➡ bD1
Via Mario d'Ambra 16
Panza (Forio)
✆ 081 90 72 46
www.dambravini.com
Tägl. 9–13 und 14–17.30, im Sommer bis 20 Uhr
Die meist biologischen Weine der Winzerfamilie d'Ambra zählen sicherlich zu den erlesensten Tropfen der Insel. Wer nach einer Weinprobe noch mehr über das Thema Wein wissen möchte, kann das interessante familieneigene **Weinmuseum** besuchen.

Giardini di Poseidon Terme ➡ bD1
Beim Strand Citara nahe Forio (Baia di Citara)
✆ 081 908 71 11
www.giardiniposeidon.it

Kurfreuden in der Giardini di Poseidon Terme auf Ischia

Mitte April–Okt. tägl. 9–19 Uhr
Tageskarte € 33/16,50, Juli/Aug. 35/17,50
Die bekannteste und sicherlich auch schönste Therme der Insel liegt in dem Ort Citara. In dem riesigen Garten mit üppiger Vegetation und 22 Thermalbecken mit unterschiedlichen Wassertemperaturen vergeht die Zeit wie im Flug.

Monte Epomeo ➡ bC2

Der Monte Epomeo (kein Vulkan!) ist das Erkennungszeichen von Ischia. Hat man seinen fast 790 Meter hohen Gipfel nach etwa einstündiger Wanderung von Forio aus über Fontana erreicht, genießt man einen beeindruckenden Weitblick auf die vielen kleineren und größeren Buchten der Insel, die Farbvielfalt der Landschaft und natürlich auf die Unendlichkeit des dunkelblauen Meers. Zu sehen gibt es unter anderem den Vesuv mit dem Golf von Neapel sowie Sorrent mit den umliegenden Inseln Procida, Capri, Ventotene und Ponza. Da der Aufstieg die Wanderer meist hungrig macht, bietet sich eine Einkehr im Gipfelrestaurant mit herrlicher Aussichtsterrasse an. Lohnend ist ein kurzer Abstecher zur kleinen Gipfelkirche **San Nicola**, die in das Felsmassiv geschlagen wurde und einst eine Eremitenklause war. Einheimische nennen den Gipfel deshalb auch liebevoll San Nicola.

Felsen vor Sant'Angelo d'Ischia im Süden der Insel

Serrara Fontana ➡ bD/bE2

Der Ort liegt auf etwa 450 Metern Höhe und ist damit die höchste Gemeinde von Ischia, zu der neben Serrara und Fontana unter anderem auch Sant'Angelo gehört. Landwirtschaft steht im Mittelpunkt des täglichen Geschehens. Von **Fontana** aus kann man eine schöne Wanderung auf den Vulkan Epomeo unternehmen. Oder man genießt den Panoramablick von der Aussichtsterrasse in **Serrara**, dem **Belvedere**, beschützt von einem großen alten Pinienbaum.

In dem idyllisch gelegenen Ort **Sant'Angelo** muss man zwar ziemlich viele Treppen steigen, dennoch lohnt es sich durch die engen, autofreien Gässchen der exklusiven Ansiedlung zu schlendern, um mediterranes Flair zu genießen. Östlich des Dorfs liegt 300 Meter oberhalb vom Maronti-Strand das aus der Antike erhaltene **Thermalbad Cavascura**, wo man noch immer in den Felswannen der Natur baden kann.

Da Pasquale ➡ bE2

Via Sant'Angelo 79, Sant'Angelo
✆ 081 90 42 08
www.dapasquale.it
April–Nov. tägl. 12.30–15 und 19–24 Uhr
Netter Familienbetrieb mit uriger Atmosphäre. Leckere Pizzen, guter Wein und frisch gezapftes Bier. Optimales Preis-Leistungs-Verhältnis! €–€€

Thermalbad Cavascura ➡ bD2

Via Iesca 11, Barano
✆ 081 99 92 42, 081 90 55 64
www.cavascura.it
Ende April–Ende Okt. tägl. 8.30–18 Uhr, Eintritt ab € 12
Die Therme aus griechischer Zeit erlebte ihren ersten Höhepunkt bei den Römern. Die tief in den Felsen gehauene Anlage hat sich auf heilsame Dämpfe sowie Schlammpackungen spezialisiert.

Die kunterbunten Häuser des Fischerhafens Corricella auf Procida

Procida

Ganz anders als das berühmte Ischia ist Procida (10 500 Einw.), die mit ihren vier Quadratkilometern kleinste der drei Inseln im Golf von Neapel, ein sehr beschauliches Eiland. Touristen sind hier abgesehen vom Hochsommer weniger zu finden, die Einheimischen leben vom Fischfang, sie produzieren Wein und bauen Obst und Gemüse an. Schön sind die großen Zitronenbäume, die in vielen Gärten wachsen und einen angenehm frischen Duft verströmen. Die vulkanische Entstehung der Insel ist nicht nur an den fünf runden Einbuchtungen an der Küste, sondern auch am Namen zu erkennen, denn das griechische Wort *procyda* kann mit »aus dem Meer gestiegen« übersetzt werden – wie passend! So heißt übrigens nicht nur die Insel, sondern auch die einzige Gemeinde.

Wer hier seinen Urlaub verbringen möchte, sollte das Frühjahr oder den Herbst wählen. Im Hochsommer ist die Mini-Insel beliebtes Reiseziel vieler Italiener, was sich deutlich an den Preisen bemerkbar macht.

Procida ➡ E2

Die Ankommenden werden in der **Marina Grande** ➡ bA6, der Marina di Sancio Cattolico, im Dialekt Sent'Co genannt, freundlich von kunterbunten, zum Teil charmant verwitterten Hausfassaden begrüßt. Die schmalen mehrstöckigen Häuser mit ihren Rundbögen und Außentreppen sind ein schönes Beispiel der typischen Insel-Architektur. Die zauberhafte Ansiedlung um die Marina Grande ist das Zentrum der Insel. Wer eine gute Auswahl an Restaurants, Trattorien, Cafés und Geschäften sucht, wird hier fündig. Wie eng die Insel traditionsgemäß mit dem Seefahrertum verbunden ist, zeigt ebenfalls hier das renommierte **Instituto Nautico Francesco Caracciolo** ➡ bA6, eine Seefahrerschule, die zu den ältesten Italiens zählt und schon viele berühmte Schiffbauer und Kapitäne ausgebildet hat.

Terra Murata ➡ bB6, »Gemauertes Land«, heißt die Oberstadt von Procida, eine wild gemischte Anhäufung von Häusern und viel zu engen Gassen, die sich ab dem 9. Jahrhundert bildete. Unbedingt einen Besuch wert! Im

7. Jahrhundert bauten Benediktinermönche hier eine Abtei. Ein Höhepunkt für die Inselbewohner ist die große Karfreitagsprozession der *Misteri*, deren Wurzeln bis in das Jahr 1627 zurückreichen. In der Nacht vom Karfreitag startet der festliche Umzug an der Piazza d'Armi und geht zum höchsten Punkt der Insel.

Ein kurzer Spaziergang führt durch die Porta di Mezz'omo zur Kirche **San Michele Arcangelo** ➡ bB6, die einst zu einem um das Jahr 1000 von Benediktinern gegründeten Kloster gehörte. Die barocke Ausstattung im Inneren des Gotteshauses ist ein wahrer Augenschmaus, geschaffen von dem renommierten Barockmaler Luca Giordano aus Neapel. Das große Gemälde zeigt, wie der Erzengel, Schutzpatron der Insel, die Bewohner vor den Türken beschützt. Noch heute gedenken die Einwohner ihrem Schutzpatron: Am 8. Mai und 28. September wird die silberne Engelsstatue während einer feierlichen Prozession durch den Ort getragen. Die ebenfalls sehenswerte Klosterbibliothek im ersten Stock der Abtei zeigt unter anderem alte Schriften, Bücher und Heiligenfiguren.

Am höchsten Punkt der Insel – und daher schon von Weitem bestens zu erkennen – liegt das **Castello d'Avalos** ➡ bB6 (1744), der älteste Königssitz Kampaniens. Innico d'Avalos, Kardinal von Aragon, gab den Bau dieser monumentalen Wehranlage 1563 in Auftrag. 200 Jahre später richteten sich hier die Bourbonen gemütlich ein, 1799 zog eine Militärschule in die dicken Gemäuer und von 1822 bis 1988 diente der Palazzo als Gefängnis für Schwerverbrecher. Die Anlage kann jedoch nur von außen besichtigt werden.

Der kleine romantische Fischerhafen **Corricella** ➡ bB6 mit seinen pastellfarbenen Häuschen kann über Treppen von der Piazza die Martiri aus erreicht werden und ist eine mediterrane Postkartenidylle, wie es schöner kaum geht. Kein Wunder also, dass der Regisseur Michael Radford diesen Ort als Kulisse für seinen Film »Il Postino« (Der Postmann) mit dem nicht nur in Italien sehr beliebten Komiker Massimo Troisi (1898–1994) nutzte. Auch Regisseur Antony Minghella verliebte sich in diesen malerischen Ort und drehte hier etliche Szenen seines Filmes »Der talentierte Mr. Ripley«.

Jährlicher Höhepunkt auf Procida: die Karfreitagsprozession

Tourist Information ➡ bB6
Via Flavio Gioia 37
Procida
✆ 081 896 95 94
www.isoladiprocida.it
www.procida.net
www.procida.biz

Abbazia San Michele Arcangelo ➡ bB6
Via San Michele 1
Procida
✆ 081 896 76 12, www.abbaziasanmicheleprocida.it
Ostern–Ende Okt. tägl. 10–12.45, Di–Sa auch 15–17 Uhr
Eintritt € 3
Die Kirche in der zauberhaften Klosteranlage (ursprünglich 11. Jh.) zeigt eine goldene Decke mit einem beeindruckenden Gemälde, das den Erzengel Michael darstellt. Wer möchte, kann noch ein kleines Museum und eine alte Bibliothek besuchen.

Strände ➡ bB5/6
Schöne Strände findet man auf Procida u. a. nahe der Marina di Chiaiolella. Der dortige **Lido** ist der längste Sandstrand der Insel. Im Sommer allerdings sehr gut besucht! Die **Spiaggetta degli Innamorati** im Osten der Insel lockt mit kleinen Sandbuchten zwischen bizarr verwitterten Felsformationen.

Ristorante La Lampara ➡ bB6
Via Marina Corricella 88
Procida
✆ 081 896 06 09
Tägl. 12–15 und ab 19.30 Uhr
Gemütlich geht es in dem schönen Lokal an der Hafenmole zu, wo man an Tischen im Freien u. a. leckere Fischspezialitäten genießen kann. €€

Ristorante La Medusa ➡ bA6
Via Roma 116, Procida
✆ 081 896 74 81
Tägl. 12–15 und 19.30–23.30 Uhr
Die gemütliche Trattoria, ein Familienunternehmen, befindet sich direkt am Schiffsanleger. Frische Fischspezialitäten und freundlicher Service. Unbedingt die gemischte Fischplatte probieren. €–€€

Glockenturm des barocken Klosters Abbazia San Michele Arcangelo

Procida Diving Centre ➡ bA6
Via Cristoforo Colombo 6
Marina di Chiaiolella
✆ 081 896 83 85
www.vacanzeaprocida.it
In diesem SSI-zertifizierten Tauchcenter kann man Tauchen lernen, sich Ausrüstung ausleihen und an organisierten Ausflügen teilnehmen.

Ausflugsziel:

Isola di Vivara ➡ bB5
Früher frönten die Bourbonenkönige auf der nur ca. 35 ha großen Insel im Südwesten von Procida, die mit einer über hundert Meter langen Brücke mit der Insel verbunden ist, ihrem liebsten Hobby, dem Jagen. Heute können hier Hasen und Vögel unbehelligt leben, denn das winzige Eiland ist ein Naturschutzgebiet. Die Insel zeigt die Form eines aufgehenden Halbmonds, gehört zu den Phlegräischen Inseln und ist vulkanischen Ursprungs.

Blick auf Capri vom Monte Solaro in Anacapri

Isola di Capri

Wer kennt nicht das Lied der Capri-Fischer »Wenn bei Capri die rote Sonne im Meer versinkt ...«, mit dem der Sänger Rudi Schuricke zusammen mit dem Waldo-Favre-Chor 1947 die Mittelmeerinsel zum Inbegriff von Romantik machte.

Die aus Kalk und Dolomit bestehende 7 **Isola di Capri** ➡ G3/4 mit 13 900 Einwohnern ist sechs Kilometer lang und zweieinhalb Kilometer breit und war bereits im Paläolithikum bewohnt, später von Griechen und Römern besiedelt. Sie betört durch eine farbenfrohe Blütenpracht, die ihresgleichen sucht. So sind allein 15 der 258 in Europa heimischen Orchideenarten auf der Insel zu finden. Auf elf botanischen Wanderwegen kann man diese einmalige Flora für sich entdecken.

Sicherlich ein Muss ist der Besuch der berühmten Blauen Grotte, die am 17. August 1826 durch den Breslauer Maler August Kopisch entdeckt wurde. Ebenfalls erlebenswert sind die beiden größeren Orte, der mondäne Hauptort Capri im Osten der Insel und das etwas stillere Anacapri auf einem Hochplateau.

Die Vista Points sind beginnend mit dem Ankunftsort Marina Grande im Uhrzeigersinn sortiert.

Marina Grande ➡ cB3

Wer nicht gerade mit dem Helikopter eingeflogen wird, kommt mit dem Schiff in dem lebendigen Hafen Marina Grande an. Von hier aus kann man per pedes oder mit der Seilbahn den höher gelegenen Ort Capri erreichen.

Falls es die Zeit erlaubt, sollte man die westlich vom Ankunftshafen im Ortsteil Aiano di Sotto gelegene **Chiesa di San Costanzo**, die Kirche des heiligen Konstantin, besuchen. Im bunten Stilmix aus verschiedenen Jahrhunderten erbaut beherbergt sie die Gebeine des Schutzheiligen der Insel, Konstantin. Das älteste christliche Gotteshaus der Insel wurde auf den Ruinen des **Palazzo al Mare**, einer von Kaiser Augustus erbauten Villa, errichtet. Die antiken Säulen im Inneren der Kirche stammen noch von diesem römischen Anwesen.

Chiesa di San Costanzo
Via Provinciale Marina Grande
(10 Min. zu Fuß vom Hafen)
Tägl. außer So 9–16 Uhr
Die älteste Kirche der Insel wurde

auf den Ruinen einer römischen Therme erbaut. Fast alle Säulen im Inneren des Gotteshauses zierten einst die Villa von Augustus.

Da Paolino ➡ cB3
Via Palazzo a Mare 11
Capri
✆ 081 83 76 102
www.paolinocapri.com
Tägl. 11.30–15 und ab 19 Uhr
Unter Zitronenbäumen genießt man beste italienische Küche und ausgezeichneten Service. €€–€€€

Capri ➡ cB/cC4

Wer den Ort Capri (ca. 7100 Einw.) besucht, kommt im Hafen Marina Grande im Norden der Insel an und hat dann drei Möglichkeiten, den schmucken Ort zu erreichen. Man bezwingt die unzähligen Treppen der Strada di San Francesco, lässt sich per Taxi die kurvenreiche Straße hinauffahren oder man macht es sich einfach und fährt mit dem *Funiculare*, der Standseilbahn. Nur drei Minuten dauert es, bis die 140 Meter zur höher gelegenen Piazzetta überwunden sind.

Unumstrittener Mittelpunkt des Ortes ist die berühmte **Piazza Umberto I.**, von Einheimischen einfach nur Piazzetta genannt. Im Sommer platzt der kleine, sehr hübsche Platz mit seinem prächtigen Blumenschmuck, seinen Cafés und Restaurants aus allen Nähten! Die Preise in den Lokalen am Platz sind gesalzen. Etwa € 6 muss man beispielsweise für einen *Granita* (gestoßene Eiswürfel mit Sirup) berappen.

Nicht weit von hier trifft man auf die Kirche des heiligen Stefan, die **Chiesa di San Stefano** (17. Jh.), einen prächtigen Barockbau, der auf den Resten eines gotischen Gotteshauses errichtet wurde und im Inneren ein schönes Mosaik zeigt. Reizvoll ist ein Bummel durch das umliegende enge Gewirr an Gässchen der malerischen Altstadt.

Etwas außerhalb von Capri, doch leicht zu Fuß zu erreichen, liegt das Inselkloster **Certosa di San Giacomo** ➡ cC4 mit den für die Insel typischen gewölbten Dächern, das 1371–74 erbaut wurde. Im Refektorium ist das **Museo Diefenbach** untergebracht, das die riesigen, ziemlich düster wirkenden Bilder des Münchner Malers Karl Wilhelm Diefenbach zeigt. Der Vegetarier und überzeugter Nudist lebte zeitweilig auf Capri.

Der Großindustrielle Friedrich Alfred Krupp, der sich während seines Rekonvaleszenzurlaubs in die Insel verliebt hatte, ließ oberhalb des Klosters von Mimì Ruggiero einen wundervollen terrassierten Panoramagarten, die **Giardini di Augusto** ➡ cC4, anlegen und vermachte die Gartenanlage mit ihrem traumhaften Ausblick der Gemeinde. Genau hier am Park beginnt auch der 1902 in den steilen Felsen gehauene, 1,4 Kilometer lange, kurvenreiche Weg **Via Krupp**, entworfen vom Ingenieur Emilio Mayer, der sensationelle Aus- und Weitblicke bietet, so auf die berühmten drei **Faraglioni-Felsen** vor der Südküste mit einer durchschnittlichen Höhe von 90 Metern. Die Via Krupp en-

Im Zentrum von Marina Grande auf Capri

det in der **Marina Piccola** ➡ cC3. Die kleine Marina hat sich seit den 1950er Jahren zu einem exklusiven Treffpunkt der Reichen und Schönen gemausert. Badeanstalten, Cafés und Lokale teilen sich den durch Felsen begrenzten Strand.

Etwa eine Dreiviertelstunde (ab der Piazzetta gut ausgeschildert) muss man einplanen, um zu der 334 Meter hoch gelegenen **Villa Jovis** ➡ cB5 im Osten der Insel zu gelangen, einem der zwölf Prachtgebäude, die Kaiser Tiberius zu Beginn des 1. Jahrhunderts bauen ließ, als er von Capri aus das Römische Reich regierte. In den sehr gut erhaltenen Ruinen lebten jahrhundertelang Einsiedler, die es sich zur Aufgabe gemacht hatten, bei einbrechender Dunkelheit ein Licht anzuzünden, um den vorbeifahrenden Schiffen die Fahrt durch die Meeresenge von Punta della Campanella (Sorrentische Halbinsel) zu erleichtern. Diese für Fischer und Kapitäne hilfreiche Sitte erlosch 1904 mit dem Tod des letzten Einsiedlers, Bruder Giovanni Serena.

Nach der Villa Jovis ist ein kurzer Abstecher zur etwas höher liegenden **Villa Lysis** ➡ cB5 zu empfehlen. Sie wurde von dem Dichter und Autor Jacques Comte d'Aldeswared Fersen (1879–1923) 1905 ganz im neoklassizistischen Stil errichtet. Der französische Baron, der – für damalige Verhältnisse skandalös – mit einem jungen Mann, einem Zeitungsverkäufer, zusammenlebte, feierte hier im wahrsten Sinn des Wortes rauschende Feste. Eine Überdosis Kokain setzte seinem ausschweifenden Leben ein Ende.

Architekturikone: Villa Mallaparte auf dem Felsen Punta Masullo

Weiter südlich liegt die **Villa Malaparte** ➡ cC5. »Die Haut« und »Kaputt« hießen die beiden erfolgreichen Romane des Schriftstellers Kurt Erich Suckert (1898–1957), der literarischen Welt eher unter dem Namen Curzio Malaparte bekannt. Verliebt in die Insel Capri (»Ein Ort, der nur für starke Männer, für freie Geister geeignet ist ...!«) beauftragte der Autor den Architekten Adalberto Libera ihm auf dem malerisch gelegenen Felsenvorsprung Punta Masullo ein architektonisch extravagantes Haus zu bauen (1938/39), das er »Casa come me« taufte. In seinem Testament legte er fest, dass die Villa nach seinem Tod in den Besitz der Volksrepublik China übergehen solle. Der Familie gelang es, dies zu verhindern. Der wegen seiner außergewöhnlichen Erscheinung kontrovers diskutierte moderne Bau wirkt etwas wie ein archaisches, in den Felsen gestrandetes Wasserfahrzeug. Illustre Gäste des stolzen Hausherrn waren unter anderem Albert Camus und Jean Cocteau. Das Haus ist in Besitz einer Künstlerstiftung und kann nur von außen besichtigt werden.

i Tourist Information ➡ cB4
– Piazzetta I. Cerio 11, 80073 Capri
✆ 081 837 53 08, Sa geschl.
– Piazza Umberto I.
✆ 081 837 53 08
Mo–Sa 9–13 und 15.30–18.40, im Sommer tägl. 8.30–20.30 Uhr
Hier bekommt man Auskünfte über Wanderungen und kann eine Fahrt zur Blauen Grotte buchen.

Marina Piccola an der Südküste von Capri bietet einen der schönsten Strände auf der Insel

Centro Caprense Ignazio Cerio ➡ cB4
Piazzetta I. Cerio 5, Capri
✆ 081 837 66 81
www.centrocaprense.org
Museum Mo 10–13, Di/Mi, Fr 10–16, Do, Sa 11–16 Uhr, Eintritt € 3
Bibliothek Di, Sa 9.30–13, Mi–Fr 16.30–20 Uhr, Eintritt frei
In dieser privaten Stiftung im Palazzo Ferrace ist die Zweigstelle des Instituts der menschlichen Paläontologie von Rom untergebracht. Hier kann man ausgiebig in den Dokumenten der Bibliothek stöbern, die fast alles über die Insel Capri erzählen. Das Museum zeigt u. a. spannende geologische Funde.

Certosa di San Giacomo ➡ cC4
Via Certosa San Giacomo, Capri
✆ 081 837 62 18
Museum tägl. außer Mo 9–14 Uhr, Eintritt € 4; Park tägl. außer Mo 9 Uhr bis 1 Std. vor Sonnenuntergang, Eintritt frei
Das 1371–74 auf den Resten einer Tiberius-Villa errichtete Kloster der Kartäuser diente zwischenzeitlich u. a. als Gefängnis, Kaserne und Krankenhaus, ehe es nach umfangreichen Renovierungsarbeiten 1924 für die Öffentlichkeit zugänglich gemacht wurde. Im Refektorium befindet sich das **Museo Diefenbach** mit Landschaftsbildern des deutschen Malers Karl Wilhelm Diefenbach.

Museo del Duomo ➡ cB4
Piazza Umberto I., Capri
Tägl. 10–18 Uhr, Eintritt € 5
In dem ehemaligen Dom, der jetzigen Pfarrkirche an der Piazzetta, befindet sich das kleine, aber feine Museum mit u. a. wertvollen sakralen Exponaten.

Aurora ➡ cB4
Via Fuorlovado 18/20, Capri
✆ 081 837 01 81
www.auroracapri.com
Das Restaurant, das zugleich eine Pizzeria ist und bereits in dritter Generation erfolgreich geführt wird, serviert Gerichte aus Napoli und von der Insel Capri. 300 verschiedene Weinsorten warten im Keller darauf, genossen zu werden. Die hauseigene Pasticceria zaubert unverschämt gute, kalorienreiche Nachspeisen. €€

Da Giorgio ➡ cB4
Via Roma 34 (nahe der Piazzetta), Capri

✆ 081 837 08 98
www.dagiorgiocapri.com
Juni–Sept. tägl., sonst Mo geschl., Nov.–März ganz geschl.
Das 1948 gegründete Restaurant mit traumhaftem Panoramablick zeichnet sich vor allem durch seine regionalen Fischgerichte aus. €–€€

Ristorante Pizzeria Longano ➡ cB4
Via Longano 9 (5 m von der Piazzetta entfernt), Capri
✆ 081 837 01 87
Tägl. 11–24 Uhr, Nov. geschl.
Neben Pizzen werden hier auch regionale Fischspezialitäten serviert. €

Bar Alberto Capri ➡ cB4
Via Roma 9, Capri
✆ 081 837 06 22
Tägl. 6–24 Uhr
In der Bar nahe der Piazzetta gibt es tagsüber Süßes zum Kaffee, etwa sfogliatelle, Neapolitaner Blätterteiggebäck. Abends genießt man einen Aperitivo mit herzhaften Kleinigkeiten.

Pulalli Wine Bar ➡ cB4
Piazza Umberto I. 4, Capri
✆ 081 837 41 08
Tägl. 10–15 und 19–24 Uhr
Von dieser Open-Air-Weinbar aus hat man einen herrlichen Blick auf die barocke Kathedrale an der Piazzetta. Große Auswahl an guten italienischen Weinen.

Boutique Canfora ➡ cB4
Via Camerelle 3 (nahe Piazzetta Quisisana), Capri
✆ 081 837 04 87, www.canfora.com
Tägl. 10–21 Uhr
In der 1946 gegründeten Boutique werden die berühmten Capri-Sandalen angeboten, alle handgefertigt aus echtem Leder. Grace Kelly, Sophia Loren und Jackie Kennedy haben hier auch schon eingekauft.

Gioielleria La Perla ➡ cB4
Piazza Umberto I., Capri
✆ 081 837 06 41
Tägl. 9–13.30 und 15.30–22.30, im Winter bis 21.30 Uhr, Jan./Feb. geschl.
»Schauen erlaubt« ist beim ältesten Juwelier Capris, 1936 gegründet. Einkaufen eher weniger, es sei denn, man verfügt über das notwendige Kleingeld – wie Maria Callas, Aristoteles Onassis oder Jackie Kennedy.

The Seagull ➡ cB4
Via Roma 23 (nahe Piazzetta)
Capri, ✆ 081 837 08 52
www.seagullcapri.com
Tägl. 10–20 Uhr
Das 1960 gegründete Geschäft hat sich einen guten Namen mit seiner handgemalten Keramik gemacht. Alle Artikel sind Unikate.

Ruinen der Villa Jovis: Elf Jahre lebte Kaiser Tiberius hier und machte Capri zum Regierungssitz des Römischen Weltreichs

Ausflugsziele:

Villa Jovis ➡ cB5
Viale A. Maiuri
✆ 081 837 45 49
Tägl. 9–13 Uhr, Eintritt € 2/1
Tiberius ließ auf dem 335 m hohen Monte Tiberio im Nordosten Capris einen monumentalen Kaiserpalast errichten.

Villa Lysis ➡ cB5
Via Lo Capo, Capri
✆ 081 838 61 11
April–Okt Mi–So 10–18 Uhr
Eintritt frei, Trinkgeld erwünscht
Bauherr der 1905 im neoklassizistischen Stil erbauten Villa war der Autor Jacques d'Adelswaerd Fersen. Er lebte – mit Unterbrechungen – 16 Jahre lang in dem Prachtbau und gab dort häufig ausschweifende Feste. Auch heute noch beeindruckt die Villa – u. a. mit ihrem herrlichen Ausblick auf den Golf.

Anacapri ➡ cB2

Wer es weniger turbulent und etwas beschaulicher möchte, ist in Anacapri gut aufgehoben. Der schönste Reisemonat ist der Juni. Dann ist die Insel mit einer sonnengelben Blütenpracht überzogen – dem Binsenginster *(Spartium junceum)*. Besonders schön ist das Farbenschauspiel im Westen der Insel bei Anacapri (6700 Einw.) am Fuße des **Monte Solaro** ➡ cC3 (589 m). Die Pflanzen blühen rechtzeitig, um die Prozession des Schutzpatrons Sant'Antonio zu schmücken. Deshalb nennen die Bewohner den Ginster die »Sant'Antonio-Blume«.

Kaum zu glauben, aber bis 1877 waren die etwa 800 von den Griechen zur Zeit der Antike mühsam in den Fels gehauenen steilen Stufen die einzige Verbindung zwischen dem Ort und dem Hafen. Nach Eröffnung der Fahrstraße verfielen die Stufen, wurden

Chiesa San Michele in Anacapri mit ihrem farbigen Fliesenboden

dann aufwendig restauriert und können jetzt wieder – von etwas sportlicheren Touristen – benutzt werden.

In der spätbarocken Kirche des heiligen Michael, der **Chiesa San Michele**, richtet man seine Aufmerksamkeit auf den Fußboden, auf eine herrliche Majolika-Arbeit (18. Jh.) des Künstlers Leonardo Chiaiese aus den Abruzzen, die die »Vertreibung Adams und Evas aus dem Paradies« darstellt. Für einen ersten Eindruck von der hübschen Kirche der heiligen Sofia, der weißen **Chiesa di Santa Sofia** (Piazza Amedeo Diaz) mit ihren asymmetrischen Kuppeln, setzt man sich bequem auf eine der mit Majolikakacheln geschmückten Bänke auf dem Kirchenvorplatz. Im Inneren des Gotteshauses befindet sich die Reliquie des Schutzpatrons von Anacapri, des heiligen Antonio.

Wer einen Bestseller schreibt, der in über 50 Sprachen übersetzt wird, kann sich auf Capri eine prächtige Sommerresidenz leisten. So jedenfalls erging es dem schwedischen Armen- und Modearzt Axel Munthe (1857–1949), der 1929 mit seinem Werk »Das Buch von San Michele« einen literarischen Volltreffer landete und seinen Wohnsitz ab 1887 auf die Insel verlegte. Seine weiße **Villa San Michele** ➡ cB3 am Monte Pergola, heute im Besitz des schwedischen Staats, hat einen schön angelegten Garten und bietet Platz für ein Museum, das unter anderem Sammlerstücke des Autors zeigt. Den grandiosen Weitblick von der Villa sollte man ausgiebig genießen.

Der argonesische Verteidigungsturm, der **Torre Aragonese** an der Ecke Via Orlandi und Via Timpone, bildet heute eine Einheit mit der farbenprächtigen **Casa Rossa** ➡ cB2 und wurde im 16. Jahrhundert erbaut.

Tourist Information ➡ cB2
Via G. Orlandi 59, 80071 Anacapri
✆ 081 837 15 24
www.capritourism.com

Villa San Michele mit Museum Axel Munthe ➡ cB3
Viale Axel Munthe 34, Anacapri
✆ 081 837 14 01
www.villasanmichele.eu
Tägl. ab 9, Mai–Sept. bis 18, April, Okt. bis 17, März bis 16.30, Nov.–Feb. bis 15.30 Uhr, Eintritt € 8
Zur Villa umgebautes Haus des schwedischen Arztes und Schriftstellers Axel Munthe. Es fungiert teilweise als Museum und zeigt Möbelstücke und römische Büsten.

Die farbenprächtige Casa Rossa in Anacapri auf Capri

Casa Rossa ➡ cB2
Via G. Orlandi 78, Anacapri
Tägl. außer Mo April/Mai 10–17, Juni–Sept. 10–13.30 und 17.30–20, Okt. 10–16 Uhr, Eintritt € 3,50
Als der amerikanische Oberst John Clay MacKowen 1877 nach Capri zog, ließ er sich die Casa Rossa mit ihrem auffallenden mittelalterlichen Turm errichten. Auch heute noch genießt man von der Dachterrasse aus einen wundervollen Ausblick. Die in der Villa gezeigten Marmorstatuen wurden 1964 in der Blauen Grotte entdeckt.

Chiesa San Michele ➡ cB2
Piazza San Nicola, Anacapri
✆ 081 837 23 96
www.chiesa-san-michele.com
Tägl. April–Sept. 9–19, Okt.–März 10–15 Uhr, Anfang Dez. geschl.
Besonders sehenswert in dieser Rokoko-Kirche ist der wunderschöne Majolika-Boden, der christliche Motive zeigt und 1761 von dem Künstler Leonardo Chiaiese gefertigt wurde.

Ristorante Materita Pizzeria ➡ cB2
Via G. Orlandi 140, Anacapri
✆ 081 837 38 81
www.ristorantematerita.it
Tägl. 12–15.30 und 18.30–23 Uhr
Schönes italienisches Restaurant und Pizzeria an der Kirche, gute Auswahl an Pizzen, die direkt aus dem Holzofen kommen. €-€€

Discoteque Zeus ➡ cB3
Via G. Orlandi 21, Anacapri
✆ 081 837 11 69
Tägl. 23–4 Uhr
Die größte Disco der Insel, organisiert im Sommer auch Beach-Partys.

Disco Underground ➡ cB2
Via G. Orlandi 103, Anacapri

Wer sich auf den Monte Solaro hoch bemüht, wird mit einem herrlichen Ausblick auf das Meer um Capri belohnt

✆ 081 837 25 23
Fr–So ab 22 Uhr
Trendige Diskothek, u. a. mit Videobeamer, Weinecke, Livemusik, Snackbar und Kabarett.

Cocktail-Wines ➡ cB2
Via G. Orlandi 111, Anacapri
✆ 081 837 35 44
Tägl. 9–13 und 15.30–20 Uhr
Über 300 verschiedene Weinsorten, Champagner, Grappa, Olivenöl, Marmeladen, feinste Schokoladen und andere Süßigkeiten werden in dem zentral gelegenen, hübsch eingerichteten Geschäft angeboten.

Ausflugsziele:

Monte Solaro ➡ cC3
Sessellift März–Okt. 9.30–17.30, Nov-Feb. 10.30–15 Uhr
Ticket hin und zurück € 11, einfach € 8, bis 6 J. frei
Wer nicht gerade während der heißen Sommermonate Gast auf der Insel ist, sollte von Anacapri aus eine Wanderung auf den 589 m hohen Monte Solaro unternehmen. Oben angekommen kann man sich in der kleinen Bar oder im Restaurant erst einmal stärken. Wer lieber ohne Mühen den herrlichen Ausblick von der Bergspitze genießen will, kann sich ab der Via Caposcuro nahe der Piazza Vittoria in 12 Min. mit einem Sessellift bergauf fahren lassen. Für den Abstieg auf Schusters Rappen sollte man ca. 1 Std. einplanen und unbedingt an festes Schuhwerk denken.

Grotta Azzurra ➡ cA1
An der Nordwestküste der Insel
Boote ab Marina Grande tägl. von 9 Uhr bis 1 Std. vor Sonnenuntergang, nur bei ruhiger See, Eintritt € 9 und etwas Trinkgeld für die Bootsführer, die in der Grotte Volkslieder zum Besten geben

Die Grotta Azzurra, die »Blaue Grotte«, ist sicherlich das bekannteste Wahrzeichen der Insel. Dementsprechend groß ist auch der Andrang an Touristen, die diese geheimnisvoll schimmernde Naturschönheit live erleben wollen. Auf Wartezeiten während der Hochsaison einstellen!

Die blaue Wasserfarbe entsteht durch die Spiegelung des einfallenden Tageslichts. Die Wiederentdeckung der Grotte durch den deutschen Schriftsteller August

Kopisch während einer Bootsfahrt im Jahr 1826 war übrigens reiner Zufall.

Es gibt zwei verschiedene Möglichkeiten, zu der Karsthöhle (54 m lang, 15 m hoch, 30 m breit) zu gelangen: Entweder per pedes von Anacapri aus (ausgeschildert) oder man fährt mit einem Motorboot von Marina Grande aus und steigt vor dem Höhleneingang in die bereitstehenden Ruderboote, die dann direkt in die Höhle gerudert werden.

Il Riccio ➡ cA1
Via Gradola 4/6
Loc. Grotta Azzurra, Anacapri
✆ 081 837 13 80
www.ristoranteilriccio.com
März–Okt. nur mittags, Juni–Sept. auch ab 19 Uhr
Der Blick von der Terrasse des Restaurants, das nur einige Meter entfernt von der Blauen Grotte liegt, ist wunderschön. Hier genießt man Fischspezialitäten. €€–€€€

Grotta Verde ➡ cC2
Gegenüber der berühmten Blauen Grotte liegt die kleinere Grüne Grotte, die ebenfalls von Marina Grande aus mit Booten erreicht werden kann (Eintritt € 7).

Ristorante Da Gelsomina
➡ cC2
Via Migliera 72
Anacapri
✆ 081 837 1499
www.dagelsomina.com
April–Mitte Nov. tägl. 12.30–15.30 und 19–23 Uhr
Elegantes Restaurant mit traumhaft schöner Terrasse (Meerblick!), bester Service, u. a. ausgezeichnete Pasta-Gerichte. Liegt unweit der Grotta Verde.
€€–€€€

Ristorante e Stabilimento Balneare Lido del Faro ➡ cD1
Punta Carena, Anacapri
✆ 081 837 17 98
www.lidofaro.com
Schöne Bademöglichkeiten bietet der Strand beim Leuchtturm im Südwesten der Insel, an der Punta Carena.

Das Restaurant mit herrlich gelegener Panoramaterrasse gleich beim Leuchtturm bietet an einer malerischen, kleinen Felsbucht einen Liegestuhl-Verleih. Wer Hunger hat, genießt vor allem köstlich zubereitete Fischspezialitäten (€€). Mit dem Bus von Anacapri bequem zu erreichen.

Der Leuchtturm von Punta Carena an der Südwestspitze Capris

Sorrento, die Amalfiküste und Salerno

Die **Sorrenter Halbinsel** bietet viel Abwechslung: schöne Wanderwege, zauberhafte Badebuchten und die lebhafte Stadt Sorrento mit ihren Adelspalästen. Wer die **Amalfiküste** treffend beschreiben möchte, benötigt nur zwei Worte, nämlich »traumhaft schön«. Kalkweiße Felsen, die Monti Lattari (Milchberge), stürzen spektakulär ins azurblaue Thyrrhenische Meer. Kleine Ortschaften wie Ravello, Amalfi oder Positano schmiegen sich malerisch an die Felswände.

Seit 1997 zählt diese zauberhafte Region zum UNESCO Weltkulturerbe. Wer etwas Zeit im Gepäck hat, kann auf historischen Wirtschaftswegen entlang der steilen Berghänge mit Ausblicken auf Meer und Küste Wanderungen fernab vom Tourismus unternehmen. Auch die steilen, kurvigen Sträßchen sind ein Erlebnis, erfordern jedoch Aufmerksamkeit und ein langsames Tempo. **Salerno** schließlich bietet quirliges Stadtleben und einen großen Hafen.

Die Vista Points sind entlang der Küste von Westen nach Osten sortiert.

8 Sorrento ➡ F5

Dort, wo die grün bewachsenen Felsen steil ins Meer abfallen, ließ Homer seinen Helden Odysseus eine seiner schwersten Prüfungen bestehen. Die Rede ist von der **Punta Campanella** ➡ F4, der äußersten Spitze der **Halbinsel Sorrent**, an der Odysseus, an den Mast seines Segelboots gebunden, den verlockenden Gesängen der Sirenen widerstand, während seine treue Crew, die sich Wachs in die Ohren gesteckt hatte, das Schiff weiter steuerte.

Der berühmte Dichterfürst Torquato Tasso (1544–95) wurde hier, genauer gesagt in der Via Vittorio

Einst wohnte hier der Sänger Caruso: Grand Hotel Excelsior Vittoria in Sorrento

Veneto 11, geboren. Das Denkmal am Hauptplatz des Orts, der **Piazza Tasso**, erinnert an den berühmtesten Sohn der Stadt. Gesellschaft leistet ihm die Statue des Heiligen Antonio, des Schutzpatrons von Sorrent. Das **Grand Hotel Excelsior Vittoria** am selben Platz kann sich mit berühmten Gästen rühmen. 1921 quartierte sich hier der Sänger Caruso ein. In seiner Suite wurde nichts verändert, sie wird an betuchte Gäste, so etwa 1987 an den berühmten italienischen Sänger Lucio Dalla, vermietet. Die belebte Piazza Tasso ist ein guter Ausgangspunkt für einen Stadtbummel. Von hier aus gelangt man direkt in die Altstadt mit ihren vielen herrlichen Adelspalästen.

Nur fünf Minuten sind es bis zum **Duomo dei Santi Filippo e Giacomo**, eine im Inneren barockisierte Kirche aus dem 15. Jahrhundert. Das Gotteshaus steht übrigens auf einem ehemaligen römischen Forum. Die filigran gearbeiteten Intarsien aus Holz zählen zu den handwerklichen Besonderheiten des Orts.

In Richtung Meer gelangt man zur **Chiesa San Francesco** mit ihrem herrlichen Kreuzgang und Innenhof, in dem im Sommer (Juli/Aug.) Konzerte stattfinden. Unweit lädt die **Marina Grande** mit ihrem schönen Platz zum gemütlichen Verweilen ein. Der Fang der Fischerboote wird gleich an die umliegenden Restaurants verteilt – mehr Frische geht nicht!

Schlendert man nun – vorbei an der Marina Piccola (Fährhafen) – die Via Correale entlang, gelangt man zum **Palazzo Terranova** aus dem 18. Jahrhundert, in dem sich das **Museo Correale di Terranova** befindet. Hier sind unter anderem wertvolle Gemälde aus dem 17. und 18. Jahrhundert, kostbares Porzellan, die berühmte Skulptur »Artemis auf einem Hirsch« aus der griechischen Epoche und edle Möbel zu sehen. Von dem verborgenen Zitronengärtchen aus gelangt man zum Belvedere. Der Blick von hier aus auf den Golf ist grandios!

Wertvolle Intarsienarbeiten sind das Thema der am östlichen Rand des Zentrums gelegenen **Museobottega della Tarsialignea.**

Tourist Information ➡ F5
Via Luigi de Maio 35
80067 Sorrento
✆ 081 807 40 33
www.sorrentotourism.com
Jeden Monat neu gibt es hier das Gratisheft »Surrentum« mit Stadtplan, Fahrplänen, Wanderkarte und vielen Tipps.

Der Fischerhafen Marina Grande in Sorrento

Antiquarium Aequano-Silio Italico ➡ F5
Im Palazzo Municipale
Corso Filangieri 98, Sorrento
✆ 081 801 92 20
Mo, Mi, Fr 9–13, Di, Do 15.30–18, Sa/So 9.30–12.30 Uhr, Eintritt frei
Archäologische Fundstücke aus der Zeit der Etrusker, Griechen und Italiker.

Museo Correale di Terranova ➡ F5
Via Correale 50, Sorrento
✆ 081 878 18 46
www.museocorreale.it
April–Okt. Di–Sa 9.30–18.30, So/Fei 9.30–13.30, Nov.–März tägl. 9.30–13.30 Uhr, Eintritt € 8/3, So frei
Die Familie Correale, ein altes Grafengeschlacht, vermachte ihren Palazzo Anfang des 20. Jh. der Stadt. Glück für die heutigen Besucher, sie können in den barocken Räumlichkeiten nun u. a. herrliche Majoliken, feinstes Porzellan und filigrane Intarsien bewundern.

Museobottega della Tarsialignea (MUTA) ➡ F5
Via S. Nicola 28, Sorrento
✆ 081 877 19 42
www.museomuta.it
Tägl. April–Okt. 10–18.30, Nov.–März 10–17 Uhr, Eintritt € 8/5
Die umfangreiche Sammlung von Intarsien zeigt historische und moderne Beispiele dieser kunsthandwerklichen Spezialität Sorrentos.

Duomo dei Santi Filippo e Giacomo ➡ F5
Corso Italia, Sorrento
✆ 081 878 22 48
Tägl. 9–12 und 16–20 Uhr
Einst befand sich an dieser Stelle ein römisches Forum. Das heutige Gotteshaus mit seinem etwas abseits stehenden Campanile besticht u. a. durch Sorrentiner Intarsienarbeiten.

Einkaufsbummel in der Innenstadt Sorrentos

Antico Frantoio ➡ F5
Via Caesarlano 8, Sorrento
✆ 081 807 29 59
Tägl. ab 18.30 Uhr
Das elegante Restaurant verfügt auch über eine schöne Aussichtsterrasse. €€€

Il Buco ➡ F5
Via 2a rampa Marina Piccola 5, Piazza S. Antonino, Sorrento
✆ 081 878 23 54
www.ilbucoristorante.it
Tägl. 12.30–14.30 und 19.30–22.30 Uhr
In einem alten Gewölbe bekommt man hochwertige Speisen aus regionalen Zutaten kredenzt. €€–€€€

Da Emilia ➡ F5
Via Marina Grande 62, Sorrento
✆ 081 807 27 20
Tägl. außer Di 11–15.30 und ab 19 Uhr
Es gibt wohl keinen Einheimischen, der diese traditionsreiche Trattoria (mit Pension) nicht kennt und ihr gutes Essen nicht zu schätzen weiß. €€

Artis Domus ➡ F5
Via Fuoro 85, Sorrento
✆ 081 877 06 70
Tägl. 11–15.30 und ab 18 Uhr
Villa mit Gartenbistro, Livemusik und Diskothek. €–€€

Ercolano Bar ➡ F5
Piazza Tasso 28, Sorrento
✆ 081 807 29 51, tägl. 18–1.30 Uhr
Etwas eng ist es meistens an den Tischen vor der Bar, die am beliebtesten Treffpunkt der Stadt liegt. Aber was tut man nicht alles, um gesehen zu werden und natürlich auch zu sehen.

Nino and friends ➡ F5
Via S. Cesareo 67, Sorrento
✆ 081 877 16 93
www.ninoandfriends.it
Mo–Sa 9.30–12.30 und 16.30–19.30, im Sommer auch So 9.30–12.30 Uhr
Hier kann man u. a. den berühmten *limoncello*, den aus dieser Region stammenden Zitronenlikör, kosten und kaufen, sogar bei der Herstellung darf man zusehen.

Via S. Caesare ➡ F5
Für die Entdeckung der Via S. Caesare sollte man sich Zeit nehmen. Die Einkaufsstraße, die griechisch-römischen Ursprungs ist, bietet einen bunten Mix: Korallenschmuck, typische Holzeinlegearbeiten, neapolitanische Krippenfiguren aus dem 18. Jh., gestickte Tischdecken und Kuchen, verfeinert mit dem Zitronenlikör *limoncello* und Rosoliolikör in unterschiedlichen Geschmacksrichtungen.

Kennst Du das Land, wo die Zitronen blühen?

Lediglich auf Capri und der sorrentischen Halbinsel dürfen die Capri-Zitronen, zur Sorte »Ovale di Sorrento« gehörend und umgangssprachlich *femminello* genannt, angebaut werden. Die Zitronenart hat im Jahr 2000 das Gütezeichen IGP (geschützte geografische Angabe) gemäß den EU-Richtlinien verliehen bekommen. Das Gütezeichen schreibt auch den biologischen Anbau unter – den Reifeprozess hinauszögernden – Strohmatten vor. Die ersten elipsenförmigen, mindestens 85 Gramm schweren Früchte der wiederblühenden Pflanze reifen im Oktober. *Primofiore* heißen sie und sind wegen ihres hohen Saftanteils sehr beliebt. Im März werden die hellgelben *bianchetti* geerntet und im Juni die grünen *verdelli*.

9 Positano ➡ F5

Bereits die alten Römer waren dem Reiz und der Schönheit des Seefahrerorts Positano, 70 Kilometer südlich von Neapel, verfallen. Hier beginnt nicht nur die berühmte *Amalfitana*, eine spektakuläre Küstenstraße, sondern auch die reizvolle *La Costiera Amalfitana*, die Amalfiküste. Hier »steht die Welt auf dem Kopf«, wie der amerikanische Schriftsteller John Steinbeck (1902–68) angesichts der sich fast senkrecht die steilen Berghänge hinaufziehenden Häuser in Pastelltönen feststellte. Positano war schon immer ein beliebter Prominententreffpunkt, hier weilten Picasso, Tennessee Williams, Alberto Moravia, Elizabeth Taylor, der Tänzer Rudolf Nurejew (er kaufte vor lauter Begeisterung gleich die vorgelagerte Insel Li Gali und verbrachte dort seine letzten Lebensjahre), um nur einige zu nennen.

Mühelos schlendern kann man in Positano allerdings nicht, denn der Ort mit seiner beliebten Hauptstraße, der **Via Pasitea**, besteht hauptsächlich aus unzähligen Treppen.

Die wunderschöne bunte Kuppel der einschiffigen **Chiesa Santa Maria Assunta** (13. Jh.) überragt weithin sichtbar die Häuser

Spektakuläre Lage: Das einst arme Fischerdorf Positano ist heute ein nobler Ferienort

ringsherum und kann daher von jedem Punkt im Ort bewundert werden.

Tourist Information F5
Via Regina Giovanna 13
84017 Positano
✆ 089 87 50 67
www.aziendaturismopositano.it

Spiaggia Grande und Spiaggia del Fornillo F5
Positano verfügt über zwei Strände, die **Spiaggia Grande**, den Hauptstrand mit Kies, in der Hauptsaison ziemlich überfüllt, und die **Spiaggia del Fornillo**, die man getrost auch im Hochsommer aufsuchen kann.

Le Tre Sorelle F5
Via del Brigantino 27–31, Positano
✆ 089 87 54 52
Tägl. 11.30–15.30 und ab 18.30 Uhr
In dem bekannten Lokal mit Terrasse sollte man sich vor allem die leckeren Fischgerichte nicht entgehen lassen. €€–€€€

Music on the Rocks F5
Via Grotte dell'Incanto 51
Positano
✆ 089 87 58 74
www.musicontherocks.it
Nur April–Sept. geöffnet, ab 22 Uhr
Gute Diskothek mit mehreren Bars in einer Grotte.

Positano Moda F5
Viele Boutiquen in Positano offerieren eine Besonderheit, die weltweit bekannte »Positana Moda«, Kreationen aus leichten Baumwoll- und Leinenstoffen mit durchbrochenen Mustern und unterschiedlichsten Applikationen. Die Preise sind allerdings nichts für schmale Geldbeutel.

Sentiero degli Dei F6
www.sulsentierodeglidei.it
»Wanderweg der Götter« heißt der uralte, wunderschöne Wanderweg durch die Monti Lattari, der von Positano nach Agerola führt und in den Ortsteilen Montepertuso oder Nocelle beginnt. Bei dieser traumhaften Route, für die man ca. 5 Std. einplanen sollte, sind zauberhafte Weitblicke garantiert. Im Hochsommer ist es dafür allerdings meistens zu heiß.

Chiesa San Gennaro in Praiano

Praiano F6

Der kleine Fischerort, nur vier Kilometer von Positano entfernt, schmiegt sich vertrauensvoll an die steilen Berghänge des **Monte Sant'Angelo a Tre Pizzi**. Früher, als die steilen Unterwasserfelsen noch zahlreichen Korallen Platz boten, lebte das Dorf von der florierenden Korallenfischerei. Die Männer tauchten nach dem Schatz des Meers und die Frauen verarbeiteten ihn zu schönen Schmuckstücken. Schwärme von Tagestouristen – wie in Positano – sind hier weniger anzutreffen. Wer hier Urlaub macht, bleibt einige Tage.

Sowohl der Kirchenvorplatz als auch die Kuppel der **Chiesa San Gennaro**, der Kirche des heiligen Georgs in der Via San Gennaro, zeigen sehr schöne Majolika-Verzierungen. Ebenfalls einen Besuch wert ist die **Chiesa San Luca** an der Via G. Marconi mit einer aus Holz geschnitzten prächtigen Kanzel

Malerisch am Golf von Salerno gelegen: der zauberhafte Ort Amalfi

und einem mit sehenswerten Majolika-Verzierungen gestalteten Fußboden.

Tourist Information ➡ F6
Via G. Capriglione 116 B
84010 Praiano
✆ 089 87 45 57, www.praiano.it

Grotta dello Smeraldo ➡ F6
Spiaggia Grande, Praiano
✆ 089 83 15 35
April–Okt. tägl. 9.30–16 Uhr, sonst kürzer, Eintritt € 6/4
Aktuelle Infos bei der Tourist Information in Praiano
Von Praiano aus gelangt man mit rechteckigen Ruderbooten zur berühmten Grotta dello Smeraldo, die grün-türkis schimmert und erst 1923 entdeckt wurde.

Vettica Maiore ➡ F6
Alle, die nicht auf das Lesen von deutschen Zeitungen verzichten möchten, sollten das Geschäft gleich hinter dem Brunnen in Vettica Maiore, einem Ortsteil von Praiano, besuchen. Hier gibt es ab 8.30 Uhr die aktuelle Tagesausgabe beispielsweise der Süddeutschen Zeitung oder der Frankfurter Allgemeinen Zeitung.

La Boa Diving Center ➡ F6
Praiano
✆ 089 81 30 34
mobil ✆ 335-34 57 39
www.laboa.com
Wer in die Unterwasserwelt der Amalfi-Küste abtauchen möchte (sehr lohnenswert), nimmt an einem vom La Boa Diving Center in der Marina di Praia angebotenen Tauchgang teil. Hier kann man auch die nötige Ausrüstung mieten.

Furore ➡ F6

Die Gemeinde Furore (960 Einw.) zieht sich von der Marina bis in eine Höhe von 650 Metern über dem Meer. Sehenswert ist der **Vallone del Fuore**, ein schmaler ursprünglicher Fjord, in dem es besonders nach längeren Regenperioden lautstark tost. In einer der alten Papiermühlen nahe der kleinen ehemaligen Marina kann man das **Ecomuseo del Fiordo del Furore besichtigen**. Das Museum informiert anschaulich über die Herstellung von Papier.

Ecomuseo del Fiordo del Furore ➡ F6
Via Mola 29, Furore
✆ 0895781702
März–Okt. tägl. 9–20 Uhr
Das in einer alten Papiermühle untergebrachte kleine Museum

informiert über das inzwischen in der Gegend fast ausgestorbene Handwerk der Papierherstellung.

Amalfi ➡ F6

Lange war das Städtchen Amalfi (5300 Einwohner auf 3 km^2!), Hauptort des nach ihm benannten Küstenstreifens, eine der vier wohlhabenden Seerepubliken (zusammen mit Pisa, Venedig und Genua). Das neidische Pisa unternahm zwei kriegerische Angriffe auf Amalfi – 1135 und 1137 –, danach war dessen Glanzzeit beendet. Von den Arabern lernten die Einwohner im 12. Jahrhundert die hohe Kunst der Papierherstellung, was der Stadt zu Wohlstand verhalf. Im **Museo della Carta,** das stilgerecht in einer stillgelegten mittelalterlichen Papiermühle untergebracht ist, kann man die einzelnen Schritte der Papierherstellung live erleben. Trotz dieses florierenden Wirtschaftszweigs geriet Amalfi etwas in Vergessenheit. Erst durch den Bau der Küstenstraße im Jahr 1840 erwachte der Ort zu neuem Leben und zog vor allem Künstler an. Heute treffen sich hier hauptsächlich gut betuchte Erholungsuchende und unzählige Tagestouristen.

Eine monumentale Freitreppe (18. Jh.) führt zu dem imposanten dreischiffigen **Duomo Sant'Andrea** (Dom des hl. Andreas) am Hauptplatz des Ortes, der Piazza Duomo, hinauf. Das Gotteshaus mit seiner massiven Eingangstür aus Bronze (1055 in Konstantinopel gegossen) weist unterschiedliche Stilrichtungen auf. Von der ehemaligen romanischen Kirche ist nur noch der im oberen Bereich hübsch mit Majolikakacheln verzierte Campanile (Glockenturm) vorhanden. Im barockisierten Inneren des Gotteshauses werden in der Krypta die Gebeine des heiligen Andreas aus Patras aufbewahrt. Dem Apostel wurde der Dom geweiht.

Der Kreuzgang, der **Chiostro del Paradiso** (13. Jh.), eine Mischung arabischer und normannischer Stilelemente, diente einst als Friedhof adeliger Amalfiner. In den prächtigen Klosteranlagen **San Pietro** im Westen und **San Francesco** im Osten von Amalfi, die das Stadtbild entscheidend prägen, befinden sich Nobelhotels.

ℹ Tourist Information ➡ F6
Via delle Repubbliche Marinare 27
84011 Amalfi
✆ 089 87 11 07
www.amalfitouristoffice.it

🏛 Museo Civico ➡ F6
Salone Morelli
Piazza Municipio 1, Amalfi
✆ 089 87 10 66
Tägl. außer So 8–14 Uhr
Eintritt frei
Wer sich über die Seegeschichte der alten Stadt näher informieren möchte, kann dies in dem städtischen Museum ausführlich tun. Hier findet man auch die berühmte **Tabula de Amalpha**, die aus dem Mittelalter stammenden Seegesetze, die immerhin fünf Jahrhunderte Gültigkeit hatten.

🏛 Museo della Carta ➡ F6
Palazzo Pagliara
Via della Cartiere 23, Amalfi
✆ 089 830 45 61
www.museodellacarta.it

Kathedrale Sant'Andrea in Amalfi

März–Okt. tägl. außer So 10–18.30, Nov.–Feb. tägl. außer Mo 10–15.30 Uhr, Eintritt € 5/3
Das Papiermuseum in einer stillgelegten Papierfabrik (14. Jh.) beschäftigt sich u. a. mit der historischen und modernen Papierherstellung.

Duomo Sant'Andrea ➡ F6
Piazza Duomo, Amalfi
✆ 089 87 13 24
Tägl. 9–11.30 und 16.30–19 Uhr
Der Dom mit farbenprächtiger Fassade ist die Hauptattraktion des Orts.

Cantina San Nicola ➡ F6
Via Salita Marino Sebaste 8
Amalfi
✆ 089 830 45 49
Tägl. 11.30–13 und ab 19 Uhr
Es ist nicht ganz einfach in Amalfi ein preisgünstiges und zugleich gutes Lokal zu finden, hier ist eines! Menü ca. € 22–25. Mehr als 300 Weine im Angebot. €€

Ausflugsziele:

Atrani ➡ F6
Nicht weit vom Naturpark Valle delle Ferniere entfernt sollte man einen Abstecher in das malerisch am Monte Aureo gelegene Örtchen Atrani (849 Einw.) unternehmen. Sehenswert in der zweitkleinsten Ortschaft Italiens (1 km²) sind die **Chiesa San Salvatore de'Birecto** an der Piazza Umberti I., in der einst die Dogen gewählt wurden, und die **Chiesa S. Maria Maddalena** mit ihrer grünen Majolikakuppel.

Ravello ➡ F6

Der heutige Luftkurort, einst eine reiche Handelsstadt, die sogar einen Hafen ihr Eigen nennen konnte, liegt ganz zauberhaft am Monte Cerreto in luftiger Höhe und zeichnet sich durch herrliche Bauten aus. Absolutes Highlight des hübschen Orts ist der im Jahr 1087 erbaute **Duomo San Pantaleone**. Das massive Bronzeportal (1179) stammt vom Erzgießer Barisano da Tranci aus Apulien und zeigt Szenen des Neuen Testaments. Im Inneren des Gotteshauses dominiert die Kanzel (1272), ein Werk des Künstlers Niccolò di Bartolomeo da Foggia. Im **Museo del Duomo** findet man neben barocken Exponaten der Kirche die berühmte Statue von Sigilgaita.

Von der Aussichtsterrasse der **Villa Rufolo** aus genießt man einen traumhaften Blick über die Küstenlinie. Hier weilte auch Richard Wagner und komponierte den zweiten Akt seiner Oper »Parsifal«. In memoriam finden in dem zauberhaften Park der Villa jedes Jahr im Juni die Wagner-Festspiele statt, ein einmaliges Musikerlebnis unter

Ausstellungsraum im Museo del Duomo in Ravello

Die Terrasse der Villa Rufolo in Ravello: von dem idyllischen Garten bietet sich ein sensationell schöner Panoramablick auf die Amalfiküste

freiem Himmel. Für Nichtwagnerianer gibt es jährlich ab März auch andere Musikveranstaltungen.

Tourist Information ➡ F6
Via Roma 18, 84010 Ravello
✆ 089 85 70 96
www.ravellotime.it

Museo del Duomo ➡ F6
Piazza Vescovado, Ravello
✆ 089 85 83 11
www.museoduomoravello.com
Tägl. 9–19 Uhr, Eintritt € 3/1,50
Neben barocken Exponaten zeigt das 1983 eröffnete Museum eine berühmte Statue von Sigilgaita.

Cattedrale di San Pantaleone del Duomo ➡ F6
Piazza Duomo 7, Ravello
www.chiesaravello.it
Tägl. 8–12 und 17.30–19 Uhr
Das massive Bronzeportal und auch der Innenraum sind sehr sehenswert.

Villa Rufolo ➡ F6
Piazza Duomo, Ravello
✆ 089 85 76 21, www.villarufolo.it
Tägl. 9–21, Museum 10–17.30 Uhr, Eintritt € 7/5
Traumhafter Blick, schöner Garten und geschichtsträchtige Bühne für Musikveranstaltungen.

Mimì Bar Pizzeria ➡ F6
Via San Francesco 12
Ravello
✆ 089 85 71 34
www.mimiravello.com
Tägl. 12.30–15.30, Di–Sa auch 19–22 Uhr, 9. Jan.–März geschl.
Riesige Auswahl an leckeren Pizzen, schattige, kleine Terrasse, netter Service. €

Salerno ➡ F8

Salerno wurde von den Etruskern gegründet und erlebte seine Blütezeit unter normannischer Herrschaft (11. und 12. Jh.). Die Hauptstadt der gleichnamigen Provinz zählt heute 134 000 Einwohner. Bereits die Etrusker erkannten die verkehrsgünstige Lage und machten aus Salernum eine blühende Wirtschaftsmetropole. Die Stadt erlebte in den 1950er Jahren einen enormen Bauboom, allerdings nicht zu ihrem Vorteil. Ab den 1990er Jahren bereitete man diesen hässlichen architektonischen Auswüchsen ein Ende. Renommierte Architekten wie der Katalane Bohigas oder Zaha Hadid bemühten sich um eine neue Gestaltung der Altstadt. Mit großem Erfolg, wovon man sich heute überzeugen kann.

Bewacht von zwei Löwen: der Eingang zur Kathedrale von Salerno

Ein Spaziergang durch die schmucke, teilweise sehr geschmackvoll restaurierte Altstadt und an der von Palmen gesäumten Uferpromenade, dem **Lungomare Trieste**, entlang bietet nicht nur herrlichen Ausblicke, sondern vermittelt auch einen guten Eindruck vom Leben in der quirligen Industrie-, Universitäts- und Hafenstadt.

Als äußeres Zeichen seiner Macht ließ der normannische Herrscher, Herzog Robert II. Guiscard, den dreischiffigen **Duomo San Matteo** errichten, einen beeindruckenden romanischen Bau. Besondere Aufmerksamkeit gebührt dem Mittelportal mit seinen unzähligen Verzierungen und der monumentalen Bronzetür, 1099 im byzantinischen Konstantinopel angefertigt und mit byzantinischer Ritztechnik verziert. Im Inneren des Doms trifft man unter anderem auf das üppig gestaltete Grab der Königin Margherita von Durazzo († 1435). Die antiken 28 Säulen des Atriums stammen übrigens aus Paestum.

Römische Venus-Statue im Museo Archeologico in Salerno

Der Mosaikboden aus normannischer Zeit im Bereich des Altars ist noch original erhalten. Nebenan, im **Dommuseum** (Museo Diocesano), gibt es unter anderem wundervolle Schnitzarbeiten aus Elfenbein zu entdecken.

In der ehemaligen Abtei des mittelalterlichen **Benediktinerklosters San Benedetto**, östlich des Doms gelegen, findet man das Archäologische Museum der Provinz, das **Museo Archeologico**. Zahlreiche Fundstücke informieren über die frühe Geschichte der Stadt bis hin zur späten Antike. Von der 300 Meter über dem Meeresspiegel gelegenen imposanten Burg **Castello Arechi** genießt man einen herrlichen Blick auf Salerno.

Tourist Information ➡ F8
Corso Vittorio Emanuele 191–195 (Fußgängerzone)
84121 Salerno
✆ 089 66 29 51, 089 66 29 52
www.turismoinsalerno.it

Museo Archeologico Provinciale ➡ F8
Via San Benedetto 28, Salerno
✆ 089 223 11 35, www.museoarcheologicosalerno.it
Di–Sa 9–19.30, So 9–13 Uhr
Eintritt € 4/2

Das Archäologische Museum östlich des Doms informiert über die frühe Stadtgeschichte.

Museo Didattico della Scuola Medica ➡ F8
Via Botteghelle 11, Salerno
✆ 089 257 61 26
www.lascuolamedicasalernitana.beniculturali.it
Di–Sa 9–13, Do–Sa auch 17–20, So 10–13 Uhr, Eintritt € 6/3
Im Mittelalter war Salerno berühmt für seine Medizinschule. Interaktive Ausstellung zum Thema.

Museo Diocesano di Salerno ➡ F8
Largo Plebiscito 12, Salerno
✆ 089 23 91 26
Tägl. außer Mi 9–13 und 15–19 Uhr, Eintritt € 2/1
Zahlreiche Artefakte religiöser Kunst, u. a. kostbare Elfenbeinarbeiten.

Castello Arechi ➡ F8
Via Croce, Salerno
✆ 089 296 40 15
www.ilcastellodiarechi.it
Di–Sa 9–17, So 9–15.30 Uhr
Eintritt € 4, bis 17 J. frei
Die Burg, benannt nach dem Langobardenfürsten Arechi II., thront über der Altstadt. Der Bau stammt aus byzantinischer Zeit, wurde jedoch später mehrfach um- und ausgebaut.

Antica Pizzeria Vicolo della Neve ➡ F8
Vicolo della Neve 24, Salerno
✆ 089 22 57 05
www.vicolodellaneve.it
Tägl. außer Mi 19–1 Uhr
Die *cianfotta*, ein bunt gemischtes Gemüsegericht mit Schinkenstückchen, und die verschiedenen Pizzen sind sehr zu empfehlen. €–€€

Hosteria il Brigante ➡ F8
Via Fratelli Linguiti 4, Salerno
✆ 089 943 87 29
Tägl. 13.30–14.30 und 20.30–23 Uhr
In der gemütlich eingerichteten, schlichten Hosteria scheint die Zeit stehen geblieben zu sein. Hier gibt es ebenso einfache wie leckere Gerichte. €–€€

La Botte Bazza ➡ F8
Vicolo Giovanni Ruggi d'Argona 3
Piazza Portanova, Salerno
✆ 0329-292 90 13 (mobil)
Tägl. 19.30–1 Uhr
Äußerst leckere regionale Spezialitäten, freundlicher Service, gemütliches Ambiente, meist junges Publikum. €–€€

Pizzeria Vesuvio ➡ F8
Via delle Calabrie 77
Salerno
✆ 089 52 20 70
Tägl. 12–15 und 18–23.15 Uhr
Viele Pizzen, gutes Preis-Leistungs-Verhältnis. €–€€

Fiera del Crocifisso ➡ F8
Der bei Einheimischen beliebte Markt mit breit gefächertem Angebot findet nur an Freitagen im März statt.

Ausflugsziel:

Eboli ➡ östl. F9
Unübersehbar erheben sich in der Altstadt des malerisch in die hügelige Landschaft eingebundenen Orts Eboli die Kirche des heiligen Franziskus, die **Chiesa San Francesco,** aus normannisch-romanischer Zeit und die aus der gleichen Zeitepoche stammende **Chiesa San Pietro alli Marmi**.

Bummeln durch die Innenstadt von Salerno

Paestum und Cilento

Das geschichtsträchtige Paestum lockt mit seinen wundervollen, gut erhaltenen griechischen Tempeln. Etwas Zeit sollte man für die Entdeckung der interessanten **Ruinenstadt Paestum**, Teil des UNESCO Weltkulturerbes, mitbringen. Feinschmecker wissen die Region noch aus einem ganz anderen Grund zu schätzen: Von hier stammt der köstliche echte Mozzarella, der berühmte Mozzarella di Bufala, den man unbedingt probieren sollte.

Wer Traumstrände, unberührte Gebirgslandschaften mit herrlichen Wanderrouten und authentisches Bauernleben sucht, ist im beschaulichen Cilento bestens aufgehoben. Nicht zuletzt dank des 180 000 Hektar großen **Parco Nazionale del Cilento e Vallo di Diano** wird hier »sanfter Tourismus« angeboten.

Die Vista Points sind entlang der Küste von Norden nach Süden sortiert.

Paestum ➡ H9

Heute kaum mehr vorstellbar, doch das antike *Poseidonia*, die dem Meeresgott Poseidon geweihte Stadt, die heutige Ausgrabungsstätte Paestum, lag einst tatsächlich direkt am Meer. Verlandende Sümpfe schoben die Stadt immer mehr von der Küste weg. Griechische Auswanderer gründeten im späten 7. Jahrhundert die Stadt, die sich dank bester wirtschaftlicher Beziehungen zu den Etruskern schnell zu einem blühenden Handelszentrum entwickelte. 400 v. Chr. nannten die damaligen Einwohner, die Lukainer, die Stadt *Paistom*. 273 v. Chr. herrschten hier die Römer und errichteten die römische Kolonie Paestum. Um 370 kamen die Reliquien des Apostels Matthäus in die römische Stadt, die heute im Dom von Salerno ruhen. Obwohl Paestum im 5. Jahrhundert zum Bischofssitz erhoben wurde, ging es mit der Stadt unaufhaltsam bergab. Unter anderem trugen die Versandung des Hafens und die Malaria, die sich rasant in den Sümpfen ausbreiten konnte, zu dem Niedergang bei.

Dann fiel die Region über Jahrhunderte hinweg in einen tiefen Dornröschenschlaf. Einem Zufall ist es zu verdanken, dass bei Bauarbeiten für eine neue Straße im Jahr 1752 drei griechisch-dorische Tempel entdeckt wurden – zur Freude aller Fans antiker Bauten

Der dorische Tempel der Hera in Paestum

sogar bestens erhalten. 1805 begannen Wissenschaftler mit den systematischen Ausgrabungen, deren Ergebnisse wir heute bewundern dürfen. Ein Tipp: Wenn Sie die **Ausgrabungsstätte** morgens oder am späten Nachmittag besuchen, teilen Sie Ihre Entdeckungstour nicht mit den unzähligen Bustouristen, die dann entweder noch nicht da oder schon wieder weggefahren sind.

Den Haupteingang in die archäologische Zone finden Sie an der Via Magna Grecia, schräg gegenüber dem ebenfalls empfehlenswerten **Museo Archeologico Nazionale**, das unter anderem eine sehr umfangreiche Sammlung der Magna Grecia präsentiert. Hier gibt es z. B. wundervolle Vasen aus Bronze und hübsch bemalte Amphoren zu bestaunen. Die Reliefmetopen im Eingangsbereich aus der Zeit von 570 und 560 v. Chr. stellen mythologische Szenen mit Herakles dar. Farbenfroh und detailverliebt präsentieren sich die Kammergräber aus lukanischer Zeit (4. bis 3. Jh. v. Chr.). Die 1968 entdeckte Freskenmalerei, die berühmte Tomba del Tuffatore (Grab des Tauchers, um 490 v. Chr.), ist deshalb eine Sensation, weil sie das einzige bekannte Fresko aus der Zeit der Klassik ist.

Rings um die sehr sehenswerten Ruinen verläuft die 4750 Meter lange antike Stadtmauer, die ein Areal von ca. 25 Hektar bewacht. Der älteste griechische Tempel der Anlage, das **Heraion**, irrtümlicherweise von Geschichtsforschern als Basilika bezeichnet, war der Göttin Hera, der Gattin von Zeus, geweiht und wurde im 6. Jahrhundert v. Chr. erbaut. Hera widmete man auch den jüngsten und noch sehr gut erhaltenen Tempel, den man gleich daneben erblickt. Dieser ebenfalls dorische Tempel wird fälschlicherweise als **Tempio di Nettuno** (Tempel des Neptuns) bezeichnet. Der **Tempio di Cerere**,

Die Grabplatte mit dem kostbaren Fresko »Grab des Tauchers« wird im Museo Archeologico Nazionale aufbewahrt (Paestum)

der Ceres-Tempel am nördlichen Ende der Ausgrabungsstätte, war der Göttin Athene geweiht und wurde um 500 v. Chr. erbaut. Auch die Reste des **römischen Forums**, das damals mit einer Größe von 60 mal 200 Metern zu den größten Italiens zählte, und das zur Hälfte freigelegte **Amphitheater** (1. Jh. n. Chr.), das unter der Regentschaft Caesars errichtet wurde und zu den ältesten des Landes zählt, können besichtigt werden.

Ein besonderes »Schmankerl« ist die sehenswerte Präsentation, die neuerdings im antiken Festungsturm an der südlichen Stadtmauer zu sehen ist und sich den berühmten Touristen des 18. und 19. Jahrhunderts widmet.

Tourist Information ➡ östl. H9
Via Magna Grecia 887
84047 Capaccio
✆ 082 881 10 16
www.infopaestum.it

Museo Archeologico Nazionale ➡ H9
Via Magna Grecia 919, Paestum
✆ 082 872 26 54
Tägl. 9–19.30 Uhr, jeden 1. und 3. Mo im Monat geschl.
Eintritt € 10/5 (mit Ausgrabungen)

Ursprüngliche Natur im Gole del Calore

Beeindruckendes Archäologisches Museum mit der berühmten Freskenmalerei Tomba del Tuffatore.

Ausgrabungsstätte Paestum ➡ H9
Via Magna Grecia, Paestum
www.archeosa.beniculturali.it
Tägl. 8.45 Uhr bis 1 Std. vor Sonnenuntergang
Eintritt mit Museum € 10/5
Eindrucksvolle Ruinenstadt.

Ausflugsziel:

Capaccio ➡ östl. H9
Nur wenige Kilometer von Paestum entfernt fanden einst die von der Malaria vertriebenen Einwohner ein neues, bescheidenes Zuhause. Der kleine Ort zu Füßen des Monte Alburni war bekannt für seinen griechischen Hera-Kult. Heute genießt man von dem Hauptplatz vor der Kirche **Santuario Madonna del Granato** (Via Sferacavallo 20) einen sensationellen Panoramablick auf das antike Paestum, die Ebene des Seles und natürlich auf den herrlich blauen Golf von Salerno.

Gole del Calore ➡ östl. H9

An den Hängen des Monte Cervati bis hin zur Mündung im Tyrrhenischen Meer hat der Fluss Calore fünf tiefe, beeindruckend wilde Schluchten geformt. Besonders zu empfehlen ist die Wanderung, die am Parkplatz Remolino beginnt. Diesen erreicht man (gut beschildert) über eine kleine Straße, die von der Viale San Martino (SS 488) in südlicher Richtung abzweigt. Die etwa zweistündige Rundwanderung (5,2 km) führt durch die ursprüngliche Landschaft des **Cilento Nationalparks** mit abwechslungsreicher Flora und Fauna. Da der Weg zum Teil rutschig ist, sollte auf festes Schuhwerk geachtet werden. Badesachen nicht vergessen, denn etliche Gumpen bieten sich für ein erfrischendes Bad an. Achtung: Nach längerem Regen kann aus dem schmalen Bach ein reißender Fluss werden.

Santa Maria di Castellabate

➡ I9

Nicht zuletzt wegen seiner schönen Sandstrände lohnt sich ein Besuch des netten Städtchens mit ca. 3800 Einwohnern. In Form einer bunten Marienstatue bewacht die Schutzpatronin des Orts die Küste und den kleinen Hafen. Die barocke Außenfassade der schmucken, 1836 erbauten Kirche **Santa Maria a Mare** erstrahlt in schönem Sonnengelb. Im Inneren besticht das einfach gehaltene Gotteshaus durch seine beeindruckende Größe.

Wer ein Mitbringsel sucht, schlendert durch die Fußgängerzone, den Corso Matarazzo. Der in dem Städtchen geborene und im Alter von 26 Jahren nach Brasilien ausgewanderte Francesco Matarazzo (1854–1937) ließ 1881 die sehenswerte **Villa Matarazzo** an der gleichnamigen Straße errichten. Heute finden hier unterschiedliche Veranstaltungen statt. Der dazugehörige schattige Park lädt zu einer erholsamen Pause ein.

Samstagsvormittags findet nahe der Piazza San Pio ein Wochenmarkt statt. Besonders die Auswahl an fangfrischen Meerestieren ist sehr gut. Am 15. August feiern die Bewohner mit einer festlichen Bootsprozession und großem Feuerwerk die Patronin ihres Orts.

Commune di Castellabte ➡ I9
Piazza Lucia
84048 Santa Maria di Castellabate
✆ 09 74 96 23 11
www.castellabate.gov.it

Castellabate ➡ I9

Etwas oberhalb von Santa Maria di Castellabate, erreichbar zu Fuß über schmale Wege (viele Treppen!) oder mit dem Auto über eine enge, kurvige Straße, thront in 290 Meter Höhe das mittelalterliche Städtchen Castellabate (knapp 10000 Einw.). Der Ort steht völlig zu Recht auf der Liste der schönsten Orte Italiens *(I borghi più belli d'Italia)*. Mittelpunkt und Namensgeber ist das 1123 von einem Benediktinermönch erbaute Kastell. Aus »il castello dell'Abate« wurde im Laufe der Jahrhunderte Castellabate. Die Benediktiner betrieben von der Burg aus einst einen schwunghaften Handel mit Öl, Wein und Getreide.

Die verwinkelten, verwunschen wirkenden Gässchen im historischen Stadtkern laden zu einer Entdeckungsreise in vergangene Zeiten ein. Mitte des 12. Jahrhunderts wurde in der Via Duomo die später barockisierte Basilika **Santa Maria de Gulia** mit ihrem bis heute gut erhaltenen Glockenturm erbaut. Sie birgt u. a. ein kostbares Tafelbild aus dem 16. Jahrhundert, auf dem der Erzengel Michael zu sehen ist. Am 17. Februar wird ein großes Fest zu Ehren des Stadtgründers gefeiert.

Cantina Belvedere ➡ I9
Via de Vivo
Santa Maria di Castellabate
Tägl. außer Di 12–14.30 und 19–23.30 Uhr, ✆ 09 74 96 70 30
www.cantinabelvedere.it
Von der Terrasse genießt man einen Panoramablick auf den Ort und das Meer. Auf der Speisekarte stehen u. a. regionale Gerichte und Holzofenpizzen. Sehr beachtliche Auswahl an Wein, den man auch kaufen kann. €€

Ausflugsziel:

Punta Licosa ➡ I9
Vom Hafen des kleinen Fischerorts **San Marco** aus führt oberhalb der Steilküste ein schöner Wanderweg (keine Steigung), der Vallone-Alto, zum Sirenen-Kap Punta Licosa. Badesachen nicht vergessen! Die Landspitze und die kleine Insel Licosa entstanden vor Jahrtausenden durch ein gewaltiges Seebeben, bei dem die griechische

Vom Castello dell`Abate oberhalb von Castellabate genießt man einen herrlichen Blick auf das Meer

Siedlung Leucosia unterging. Namensgeber war die Sirene Leukosia, die hier – glaubt man der Legende – Selbstmord beging.

Pisciotta ➡ K11

Pisciotta liegt an der Küstenstraße von Palinuro nach Velia und ist für sein ausgezeichnetes Öl aus *Ulivi pisciottane*, einer regionalen Olivensorte, bekannt. Es setzt sich aus zwei kleinen Orten zusammen, dem romantischen Fischerort **Pisciotta Marina** – mit idyllischer Strandpromenade und herrlichem Blick auf das nahe Kap von Palinuro – und dem mittelalterlichen, malerisch auf einem 170 m hohen Hügel errichteten **Pisciotta Paese**. In dessen historischem Ortskern mit verwinkelten Stufengassen und Palazzi aus dem 16. Jahrhundert findet noch authentisches italienisches Leben statt. Rings um den Ort fallen die vielen Olivenbäume auf. Im Gegensatz zu anderen Arten wachsen diese Bäume sehr hoch und werden daher in größerem Abstand gepflanzt.

Ristorante I Tre Gufi ➡ K11
Via Roma, 84066 Pisciotta
✆ 09 74 97 30 42
Tägl. 12–14.30 und 19–23.30 Uhr
Das elegante Restaurant »Drei Käuzchen« im mittelalterlichen Palazzo Marchesale verwöhnt seine Gäste u. a. mit leckeren Fisch-Spezialitäten. Von der Terrasse aus genießt man einen atemberaubend schönen Panoramablick. €€

Palinuro ➡ L11

Wegen der über 30 Meeresgrotten, die das Cap Palinuro umgeben, ist der Badeort besonders für Taucher interessant. In einigen dieser Grotten wurden sogar steinzeitliche Funde und Fossilien entdeckt, die die frühe Besiedlung des Cilentos belegen. Doch auch die schönen Sandstrände locken. Der landschaftlich schönste liegt am Arco naturale, einem natürlichen Felsbogen in der **Baia del Buondormire**. Ebenfalls zu empfehlen ist der bestens ausgeschilderte Rundweg Sentiero S. Iconio, der grandiose Ausblicke auf das Cap Palinuro erlaubt.

Camerota ➡ L12

Camerota setzt sich aus zwei Ortsteilen zusammen. Die malerische **Marina di Camerota** wird zu beiden Seiten von herrlichen Sandstränden (z. B. Calanca-Strand) eingerahmt. Mittelpunkt des aktiven Dorflebens ist die Piazza **San Domenico** mit gleichnamiger, in Sonnengelb gestrichener Kirche. Oberhalb der Marina thront auf einem Felsplateau das mittelalterliche Bergörtchen **Camerota**, das u. a. zu Fuß auf einem Höhenweg zu erreichen ist. In diesem Ortsteil ist ein Spaziergang durch die verwinkelten Gässchen des **Centro storico** zu empfehlen. Von dem **Kastell** aus genießt man einen sehr schönen Blick auf den Monte Bulgheria.

Camerota war einst für sein Töpferhandwerk berühmt, das hier auch heute noch praktiziert wird. Ab Mitte des 19. Jahrhunderts wanderten viele Einwohner nach Venezuela aus, um ihr Glück zu finden. Als sie ab den 1980er Jahren wieder zurück in die Heimat kamen, gaben sie etlichen Straßen südamerikanische Namen (z. B. Via Bolivar), um damit ihre Verbundenheit zu Venezuela zu dokumentieren.

Informationen im Netz
www.camerota.marina.it
www.marinadicamerota.org

⑩ Certosa di Padula ➡ östl. I9

Die Kartause von Padula, auch Kartause des Heiligen Laurentius in Padula (Certosa di San Lorenzo

Der längste Kreuzgang der Welt in der Certosa di San Lorenzo in Padula

di Padula) genannt, gehört seit 1998 zum UNESCO Weltkulturerbe. Die Bauzeit für die imposante Anlage (250 000 m²) des Kartäuserklosters mit riesigem Park zog sich über 450 Jahre hin. Allein der **Kreuzgang** mit seinen 84 Säulen aus regionalem Sandstein misst 12 000 Quadratmeter und ist damit der größte der Welt. Der Innenhof bietet mit einer Fläche von 150 mal 110 Metern Platz für 60 000 Menschen. Der Grundriss wurde gitterförmig angelegt und verweist damit auf das Feuerrost, auf dem der Heilige Laurentius gemartert wurde.

Der sehr wohlhabende Graf Tommaso II. Sanseverino, Neffe des Heiligen Thomas, gründete am 28. Januar 1306 die Kartause. Die barocken Elemente der Anlage stammen aus dem 16. Jahrhundert und orientierten sich an der Escorial bei Madrid. Jeder Mönch bewohnte zwei Zimmer mit einem Vorraum und einem eigenen Zugang zu dem barock gestalteten Klostergarten. 1761 bis 1763 ließ Baumeister Gaetano Barba ein achteckiges barockes Prunktreppenhaus errichten, in dem zwei zweiläufige Treppen in das Obergeschoss des Kreuzgangs führen.

Nachdem 1806 Napoleonische Soldaten das Kloster plünderten, wurde es 1866 aufgelassen und 1882 als nationales Baudenkmal anerkannt. In der großen Küche mit wertvollen Vietri-Kacheln wurde bei einem Gastmahl für Karl III. ein Omelett aus 1000 Eiern gereicht. Die Klosteranlage kann in einem geführten Rundgang besichtigt werden. Auch das **Museo Archeologico della Lucania Occidentale**, u. a. mit antiken Grabfunden, lohnt einen Besuch.

Certosa di San Lorenzo di Padula ➡ östl. I9
Viale Certosa 1, Padula
✆ 09 75 777 45
Tägl. außer Di 9–19 Uhr
Eintritt € 4/2

Ausflugsziel:

Battistero San Giovanni in Fonte ➡ östl. I9
Padula
www.comune.padula.sa.it
Eine der wenigen weltweit noch erhaltenen Taufkirchen befindet sich am Rande der Ortschaft Padula, von wo ein ausgeschilderter Weg durch schöne Landschaft zu den Ruinen führt. ■

Der Golf von Neapel in Zahlen und Fakten

Flagge von Neapel

Fläche: 13 590 km²
Lage: 39,9–40,5° nördlicher Breite und 14,1–14,6° östlicher Länge
Beschaffenheit: Etwa die Hälfte der Fläche Kampaniens besteht aus hochgebirgigen Landschaften, ca. 35% sind mittelgebirgig und ca. 15% Flachland.
Einwohner: 5,84 Mio.
Wichtigste Inseln: Ischia (die größte Insel im Golf von Neapel), Capri (berühmt durch die »Grotta Azzura«), Procida, Vivara (südwestlich von Procida) und Nisida (bei Pozzuoli)
Höchste Erhebung: Monti del Matese (2050 m)
Schönste Erhebung: Der Vesuv (1281 m), 9 km von Neapel entfernt, ist der einzige aktive Vulkan auf dem europäischen Festland.
Landwirtschaft: Es werden unter anderem Tabak, Tomaten und Wein angebaut. Der Süden ist für seinen Mozzarella aus Büffelmilch berühmt.

Anreise, Einreise

Bei der Einreise über Österreich und die Schweiz gibt es keine Passkontrollen mehr. Für den Aufenthalt in Italien muss man aber in jedem Fall einen gültigen **Reisepass oder Personalausweis** mit sich führen, Kinder benötigen einen Kinderreisepass. Die früheren Kinderausweise gelten noch bis zum Ablauf ihrer Gültigkeit.

Mitreisende **Hunde** (oder Katzen) benötigen einen gültigen (!) EU-Heimtierpass, in dem alle Impfungen (u.a. Tollwutimpfung) aufgeführt sind. Ferner muss die Identität des Tiers entweder durch einen Mikrochip oder eine Tätowierung belegt werden. Bei größeren Hunden besteht in manchen Orten Maulkorbpflicht – daher für alle Fälle einen mitnehmen. Vor der Buchung der jeweiligen Unterkunft sollte man sich unbedingt erkundigen, ob das Mitbringen von Hunden – meist gegen eine Gebühr – erlaubt ist, um böse Überraschungen am Urlaubsort zu vermeiden.

Traumhafte Küstenstraße: die »Amalfitana« zwischen Punta Campanella und Salerno

Mit dem Flugzeug

Der **Aeroporto Internazionale di Napoli-Capodichino** ➡ D4 (NAP, www.aeroportodinapoli.it) sieben Kilometer südöstlich vom Zentrum Neapels wird von allen wichtigen Fluggesellschaften angeflogen (Charterflüge Terminal 2). Von vielen deutschen Städten aus werden günstige Charterflüge angeboten, oft mit Zwischenlandung in Mailand oder Rom. Auch der sogenannte Billigfluganbieter Hapag Lloyd Express (www.tuifly.com) steuert den Flughafen an.

Per Taxi gelangt man in 15 bis 20 Minuten für € 15–20 in die Innenstadt oder zu den Häfen Molo Beverello oder Mergellina. Günstiger ist der Bus (www.curreriviaggi.it), der etwa 20 Minuten in die Innenstadt benötigt: Alibus Shuttle oder ANM.

Der 2007 eröffnete **Aeroporto di Salerno – Costa d'Amalfi** ➠ F9 (QSR, www.aeroportosalerno.it) wird von etlichen Fluglinien aus Österreich, der Schweiz und Deutschland angeflogen. Busse (www.cstp.it) bringen die Reisenden dann ins Zentrum von Salerno.

Mit dem Auto
Die Region ist bequem über die gebührenpflichtige Autobahn zu erreichen. Für Österreich und die Schweiz werden Vignetten benötigt. In Neapel selber sollte man sein Auto besser auf einem bewachten Parkplatz abstellen, denn es herrschen ziemlich chaotische Straßenverhältnisse. Infos: www.aci.it, www.autostrada.it.

Mit der Bahn
Hochgeschwindigkeitszüge sind zu bevorzugen, da diese in der Regel pünktlich sind. Tickets kann man buchen unter www.acprail.com. Auf der Internetseite der Bahn (www.bahn.de) findet man oft günstige Angebote. Weitere hilfreiche Internetadressen sind: www.trenitalie.com, www.oebb.at und www.sbb.ch.

Mit dem Bus
Fernbusse sind eine günstige Art, um nach Neapel zu reisen, wenn man Zeit hat (15 Std. ab München). Tickets und Anbieter: www.busliniensuche.de, www.eurolines.de.

Auskunft

Die italienische Zentrale für Tourismus **ENIT** (www.enit.it) hat in Deutschland und Österreich jeweils eine Niederlassung.

ℹ ENIT in Deutschland:
Barckhausstr. 10
60325 Frankfurt/Main
✆ (069) 23 74 34 (Mo–Fr 9.15–13 Uhr), www.enit.de
Mo–Fr 9.15–17 Uhr
Auch für die Schweiz zuständig.

ℹ ENIT in Österreich:
Mariahilfer Str. 1 B, A-1060 Wien
✆ (01) 505 16 39, www.enit.at
Di–Do 9–12.30 Uhr

Automiete, Autofahren

Die Benutzung der Autobahnen kostet in Italien **Gebühren**, die auf verschiedene Weise entrichtet werden können. Entweder kauft man eine VIACARD (erhältlich an den Autobahnzahlstellen, den Punto-Blue-Informationszentren, den Autogrill-Raststätten oder in Tabakwarengeschäften), dann werden die Gebühren abgebucht, oder man zahlt an den mit »Self-Service« gekennzeichneten Ausfahrten mit seiner Kreditkarte oder ganz einfach in bar.

Urlaubern, die Neapel und die Inseln besichtigen möchten, ist von einer Anreise mit dem Auto allerdings abzuraten, da es in Neapel so gut wie keine Parkplätze gibt und das Fahren in der ZTL (Zona traffico limitato) nur eingeschränkt erlaubt ist. Für Ausflüge kann man dann zeitweise ein Auto mieten.

Am Flughafen und Bahnhof in Neapel und in allen wichtigen Städten gibt es **Mietwagenagenturen**. Günstiger ist es häufig, von zuhause aus zu buchen (www.billiger-mietwagen.de).

Das **Tempolimit** auf Autobahnen liegt bei 130 km/h, auf extra ausgewiesenen dreispurigen Autobahnen bei 150 km/h, auf Schnellstraßen bei 110 km/h, auf

Landstraßen bei 90 km/h und innerorts bei 50 km/h. Wohnwagen und Anhänger dürfen auf dem außerstädtischen Straßennetz 80 km/h und auf allen Autobahnen 100 km/h fahren.

Die italienischen **Bußgelder** gehören zu den höchsten in Europa, die Mindestgebühr für einfaches Falschparken beträgt € 35, es gibt häufiger Radarkontrollen. Dachlasten und Ladungen, die über das Wagenende hinausragen, müssen mit einem reflektierenden, 50 x 50 cm großen, rot-weiß gestreiften **Aluminiumschild** (kein Kunststoff!) abgesichert werden (erhältlich im deutschen Fachhandel, in Italien an Tankstellen).

Für den Fall, dass man wegen Unfall oder Panne auf einer Autobahn das Auto verlässt, muss im Auto eine reflektierende **Sicherheitsweste** (DIN EN 471) vorhanden sein (erhältlich in Tankstellen, Baumärkten etc.).

Tagsüber muss nicht nur auf Autobahnen, sondern auch auf allen Überlandstraßen mit **Abblendlicht** gefahren werden. **Telefonieren** am Steuer ist nur mit Freisprecheinrichtung erlaubt. Es herrscht **Anschnallpflicht**. Die **Promillegrenze** beträgt 0,5.

Die wichtigsten Verkehrsregelungen auf einen Blick

accendere i fari – Licht einschalten
centro – Zentrum
deviazione – Umleitung
lavori in corso – Bauarbeiten
parcheggio – Parkplatz
senso unico – Einbahnstraße
tutte le direzioni – alle Richtungen
zona pedonale – Fußgängerzone

Diplomatische Vertretungen

i Deutsches Honorarkonsulat
➡ aC3
Via Medina 40, 80133 Neapel
✆ 081 248 85 11
Notruf (mobil) ✆ 0335 790 41 70
(Mo–Fr 17–24, Sa/So/Fei 8–24 Uhr)
www.rom.diplo.de
Mo–Fr 8.30–12 Uhr

i Ambasciata della Repubblica Federale di Germania (Botschaft)
Via San Martino della Battaglia 4
00185 Roma
✆ 06 49 21 31, www.rom.diplo.de

i Österreichisches Honorarkonsulat ➡ aB5
Via G. Ricciardi 10
80142 Neapel
Notruf (24 Std.) ✆ +43 1 901 15 44 11, www.bmeia.gv.at
Mo–Fr 9.30–12.30 Uhr

i Schweizer Honorarkonsulat
➡ aB1
Via Consalvo Carelli 7
80128 Neapel
✆ 0335 831 52 57 (mobil)
www.eda.admin.ch

i Helpline EDA
Effingerstr. 27
3003 Bern/Schweiz
✆ +41 800 24-7-365

Einkaufen

In den Zentren der großen Städte sowie in Touristenorten haben die meisten **Geschäfte** von 9 bis 20 Uhr oder sogar bis Mitternacht geöffnet. In kleineren Ortschaften sind die Läden meist von 13 bis 15/16 Uhr geschlossen.

Die italienische **Mehrwertsteuer** *(IVA-Imposta sul valore aggiunto)* ist fast immer im Preis enthalten.

Beliebtes Mitbringsel aus der Region Sorrent oder von der Amalfiküste ist der leckere Zitronenlikör, **Limoncello** genannt. Es gibt ihn in allen möglichen Varianten, z. B. auch in Pralinen oder Kuchen. Wer besonders Kindern eine Freude machen möchte, bringt aus Neapel eine

Traditionelles Kunsthandwerk

Die edlen Kameen aus Torre del Greco sind noch reine Handarbeit

Der Ort Torre del Greco, am Fuß des Vesuvs gelegen, ist berühmt für die Verarbeitung von Korallen und Muscheln zu edlen Schmuckstücken. Die **Kameen** werden in reiner Handarbeit aus unterschiedlich großen Muscheln gefertigt und zeigen sowohl mythologische Motive als auch weibliche Profile.

Die Kunst der Korallenbearbeitung kann auf eine 4000 Jahre alte Geschichte zurückblicken und erreichte um 400 v. Chr. ihren Höhepunkt. Im 18. Jahrhundert entwickelte man eine neue Technik und erzeugte durch die raffinierte Bearbeitung bestimmter Muschelsorten, etwa der *Cassis Rufa* oder der *Strombus Gigas*, wunderschöne Rottöne. Ein Zusammenschluss von Kunsthandwerksbetrieben der Region um den Ort Torre del Greco hat es sich zur Aufgabe gemacht, diese traditionellen Verarbeitungsmethoden am Leben zu erhalten, und fertigt Schmuckstücke nur auf diese Art und Weise an.

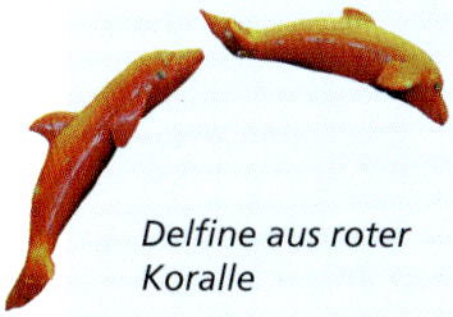

Delfine aus roter Koralle

Weihnachtskrippe mit. Die meist prunkvoll und üppig ausgestatteten Krippen kommen allerdings auch bei vielen Erwachsenen gut an. Die handgefertigten Figuren *(pastori)* haben jedoch ihren Preis. Ebenfalls aus Neapel stammt die **Pulcinella-Figur.** Sie hat ihren Ursprung im neapolitanischen Volkstheater des 18. Jahrhunderts. Der lustige Geselle trägt eine schwarze Halbmaske, eine Vogelnase, ein weißes Hemd, eine Pluderhose und eine hohe Mütze. Erhältlich beispielsweise als Puppe oder als Marionette.

Beliebte Souvenirs sind auch Gemälde, auf denen der Golf von Neapel und der Vesuv zu sehen sind. Zum Beispiel in Öl, als Fotografie oder als Aquarell erhältlich.

Essen und Trinken

Die Küche dieser Region zaubert viele Spezialitäten hervor. Die folgenden regionalen Speisen findet man – natürlich mit kleinen Abweichungen – in fast jedem Restaurant:

Als **Antipasti** (Vorspeise) werden *Insalata caprese* (Mozzarella, Basilikum und Tomatenscheiben), *Insalata di polpo* (Tintenfischsalat), *Melanzane alla cioccolata* (Auberginen in Schokoladensauce, eine Spezialität der Amalfiküste), *Souté di vongole* (Venusmuscheln) oder *Frittura all'italiana* (frittiertes Gemüse mit Käse im Teig) gereicht.

Als **Contorno** (Beilage) empfehlen sich unter anderem folgende Speisen: *Parmigiana di melanzane* (Auberginenauflauf mit Tomaten), *Peperoni in padella* (Paprikagemüse aus der Pfanne) oder *Scapece di zucchini* (frittierte Zucchini).

Bei den **Primi piatti** kann man meist unter einigen Spaghetti-Gerichten wählen. Besonders empfehlenswert sind *Linguine con scampi* (Linguine mit Scampi) oder *Rigatoni con fiori di zucca e gamberetti* (Rigatoni mit Zucchiniblüten und Shrimps).

Für das erste **Secondo** wählt man meist Fisch, wie *Baccalà alla napoletana* (Stockfisch mit Tomatensauce) oder *Orata all'acqua pazza* (Goldbrasse im »verrückten« Sud). Nun genießt man das zweite **Secondo**, meist ein Fleischgericht, wie die *Salsiccia napoletana* (neapolitanische Bratwurst mit Fenchelgeschmack) oder ein zartes *Scaloppa al limone* (Kalbsschnitzel mit Zitrone).

Der **Dolce**, also die Nachspeise, kann *Torta caprese* (capresischer Mandelkuchen), *Babà al rum* (in Rum getränkter Hefekuchen), *Delizia al limone* (Zitronencreme), *Pastiera napoletana* (neapolitanischer Ricottakuchen) oder *Frutta* (Obst) sein. Den gelungenen Abschluss eines Menüs bildet **Formaggio** (Käse), etwa *Provolone* (Hartkäse) oder *Caciocavallo* (reifer Frischmilchkäse).

Als **Weine** aus Kampanien sind folgende Sorten zu empfehlen: *Lacryma Christi*, ein Rotwein und ein etwas in Vergessenheit geratener Weißwein, *Falanghina* und *Greco di Tufo*, beides Weißweine, *Taurasi*, einziger Rotwein in DOCG-Qualität.

Zum Abschluss trinkt man natürlich einen **Espresso**. Auch der soll in Neapel am allerbesten schmecken und »Il caffè« steht für Neapel wie der Vesuv oder die Pizza.

In Kampanien bieten einige Orte jeweils **lokale Spezialitäten** an: Die Orte Cicciano, Torre Annunziata und Gragnano sind bekannt für ihre hausgemachten Nudeln; Caiazzo und Ruviano für das Olivenöl »Extravergine«; Procida und Sorrento für aromatisch duftende Zitronen; Battipaglia und Paestum für ausgezeichneten Mozzarella aus Büffelmilch; Castellammare für traditionelle Kekse; Nola, Mugnano, Mirabella und Solofra für die leckere Wurst und Agerola sowie Vico Equense für die guten Milchprodukte.

Capri wartet im Herbst mit einer ganz besonderen Delikatesse auf. Die Rede ist von einem bis zu 15 Zentimeter großen Pilz mit der botanischen Bezeichnung *Pleurotus eryngii var*, der von den Einheimischen einfach **Nebelpilz** genannt wird. Dieser ockerfarbene Pilz mit seinen langen, dichten Lamellen, der sich auch sehr gut zum Trocknen eignet, hat festes, weißes Fleisch und verströmt einen leicht süßlichen Geruch. Man röstet ihn zusammen mit Olivenöl, Pfefferschoten und frischem Knoblauch in einer Pfanne. Sehr lecker!

Feiertage, Feste

Feiertage:

1. Januar *(Capodanno)*, 6. Januar *(Epifanìa)*, Ostersonntag und -montag *(Pasqua und Pasquetta)*, 25. April *(La Resistenza*, Tag der Befreiung vom Faschismus), 1. Mai *(Festa dei Lavoratori)*, 2. Juni *(Festa della Repubblica)*, 15. August *(Ferragosto*, Mariä Himmelfahrt), 1. November *(Ognissanti*, Allerheiligen), 8. Dezember *(l'Immacolata*, Mariä Empfängnis), 25. Dezember *(Natale)*, 26. Dezember *(Santo Stefano)*.

Lacryma Christi – die Tränen Christi

Der Wein »Lacryma Christi«, ein erlesener, trockener Rot- und Weißwein, der in der Region um den Vesuv angebaut wird, soll seinen Namen wie folgt erhalten haben: Als der Teufel Christus die Landschaft *Campania felix* (Glückliches Kampanien) rings um den Vulkan stibitzte, weinte der Bestohlene sehr darüber. Die Tränen des Herrn fielen auf den fruchtbaren Vulkanboden und ließen dort Weinreben gedeihen, deren Trauben bis heute zu besagtem Wein verarbeitet werden.

Feste:

Januar
Amalfi: Sehenswerte Prozession mit den Drei Weisen aus dem Morgenland (6. Januar).
Barano d'Ischia: Fest zu Ehren des heiligen San Sebastiano (22. Januar).
Neapel: Carnevale mit vielen Umzügen.

Februar
Neapel: Immer am dritten Wochenende im Februar wird hier eine Buchmesse veranstaltet, nach der in Turin die zweitgrößte Italiens.

April
Neapel: Processione della Madonna dell'Arco, Prozession am Ostermontag zur außerhalb von Neapel gelegenen Wallfahrtskirche »Madonna dell'Arco in Sant'Anastasia«.

Mai
Capri: Fest zu Ehren des Inselpatrons Constantius mit feierlicher Prozession und Volksfest. Den krönenden Abschluss bildet ein großes Feuerwerk.
Ischia: Fest der Santa Restituta mit Bootsprozession und Feuerwerk.
Lacco Ameno: Festliche Prozession auf dem Wasser mit schön geschmückten Booten zu Ehren der Schutzheiligen Restituta.
Neapel: Beim Maggio dei Monumenti werden an fünf Wochenenden von Anfang Mai bis Anfang Juni Kirchen und Paläste, die normalerweise geschlossen sind, geöffnet. Außerdem bietet das Event ein breit gefächertes Kulturprogramm. Nähere Informationen unter www.portanapoli.com oder www.commune.napoli.it.
Neapel: Feierlicher Gottesdienst im Dom, bei dem sich das Blut des Stadtheiligen San Gennaro, das in einer Ampulle aufbewahrt wird, verflüssigen soll.

Typisch italienisch: Espresso

Positano: Modamare, eine große Modenschau.
Torre del Greco: Festa dei Quattro Altari, großer, festlicher Umzug, bei dem die Altäre mit schönen Korallenobjekten geschmückt werden (eine Woche nach Fronleichnam).

Juni
Amalfi: Regata Storica, die alten Seerepubliken messen ihre Kräfte bei einer historischen Regatta – sehr sehenswert! Leider nur alle vier Jahre, 2025, 2029 … (1. Sonntag im Monat).
Neapel: Gigli, ältestes Volksfest der Region mit feierlicher Prozession, findet immer am Sonntag nach dem 22. Juni statt.
Nola: Jeweils am Sonntag nach dem 22. Juni feiert man in Nola die traditionsreiche Festa dei Gigli, bei der die Männer des Städtchens bis zu 25 Meter hohe Holzkonstruktionen durch die Straßen bis hin zum Domplatz tragen.

Juli
Neapel: Festa della Madonna del Carmine, großes Fest zu Ehren der heiligen Madonna. Als krönender Abschluss »brennt« der Turm der Chiesa del Carmine – ein perfekt organisiertes Feuerwerk macht dieses optische Erlebnis möglich.
Palinuro: Dialoghi Mediterranei e di Altri Mari, internationales Musikfestival am Hafen, das eine Woche dauert.
Ravello: Das Wagner-Festival zieht jedes Jahr namhafte Künstler an (www.ravellofestival.com).

August
Überall in der Region: Ferragosto, der Feiertag in Italien schlechthin, mit Festen in fast jedem Ort.

September
Neapel: Fünf Tage dauernde Festivitäten mit feierlichem Gottesdienst im Dom, bei dem sich das Blut des Stadtheiligen San Gennaro, das in einer Ampulle aufbewahrt wird, verflüssigen soll. Anschließende Prozession zum Kloster von Santa Chiara.
Neapel: Weil die Pizza in Neapel »geboren« sein soll, feiern die Napolitaner Mitte September das Pizzafest. Konzerte, Theater, Sportveranstaltungen und Pizzaverkostungen verwandeln die Via Caracciolo in ein Open-Air-Erlebnis – mit wunderbarem Blick aufs Meer und bis zur Insel Ischia. Vertreten sind über 40 der renommiertesten Pizzerien der Stadt (www.pizzavillage.it).
Salerno: Am 21. September dreht sich in Salerno alles um den Patron der Stadt, den Apostel Matthäus.

Oktober
Neapel: I Cortili e la Musica, breit gefächertes Angebot an klassischer Musik.

Der Markt in der Via San Gregoria Armena in Neapel offeriert auch nette Souvenirs

November
Amalfi: Die Statue des heiligen Sant'Andrea, Schutzpatron der Fischer, wird in einer Prozession durch den Ort getragen.

Dezember
Neapel: Offizielle Eröffnung des schönen Krippenmarktes in der und um die Via San Gregorio Armeno, die Straße, in der sich fast alle Krippengeschäfte der Stadt befinden.
Neapel: Beginn der Opernsaison in der Oper San Carlo (www.teatrosancarlo.it).
Neapel: Großes Silvesterfest auf der Piazza del Plebiscito mit riesigem Feuerwerk. Laut, schrill und lebensfroh!

Geld, Kreditkarten

Mit **Bankkarte** und Geheimnummer kann man rund um die Uhr problemlos am Automaten Geld ziehen. Dabei muss man jedoch auf die Aufkleber achten, denn nicht alle Automaten akzeptieren alle Karten. In den meisten Geschäften, Restaurants und Tankstellen kann man mit den gängigen Kreditkarten bargeldlos bezahlen.

Falls die EC- oder Kreditkarte abhandenkommt, sollte man diese sofort sperren lassen. Dafür unbedingt vor der Reise die Kartennummern notieren und die Daten mit auf die Reise nehmen. Fast alle Bankkarten können telefonisch gesperrt werden unter dem **Sperrnotruf** +49 116 116 oder direkt bei der jeweiligen Bank.

Hinweise für Menschen mit Handicap

Menschen mit Handicap haben es in dieser Region nicht gerade leicht. Es gibt nur selten behindertengerechte Einrichtungen, selbst in vielen Museen wird man diese vergebens suchen. Informationen erhält man online unter: www.reisen-ohne-barrieren.eu (Bundesverband Selbsthilfe Körperbehinderter e.V.) oder www.rollstuhlfahrer-forum.de oder beim Reisedienst des Bundesverbands Selbsthilfe Körperbehinderter e.V.

BSK Reiseservice
Altkrautheimer Str. 20
74236 Krautheim
✆ (062 94) 428 50, 428 59
www.bsk-ev.org

Internet

In Neapel gibt es mehrere **WiFi-Zonen**. Hier kann man kostenlos ins Internet gehen (Napoli Cloud City). Jeder Urlauber kann bis zu zwei Stunden täglich surfen (muss nicht am Stück sein) und bis zu 200 MB downloaden. Die genauen Zonen erfährt man auf www.commune.napoli.it (auf Italienisch). Hotspots befinden sich z. B. an der gesamten Promenade von der Via Partenope bis zum Castel del'Ovo oder auf der Piazza Garibaldi am Hauptbahnhof.

Internetadressen:
www.incampania.com – Offizielles Tourismusportal der Region Kampanien (Ital./Engl.)
www.beniculturali.it – Alles zum Thema Kunst und Kultur (Ital.)
www.italiafestival.it – Termine für große und kleine Festivals und Veranstaltungen
www.musei.it/campania – ausführliche Informationen zu allen Museen in Kampanien
www.parks.it – Infoseiten zu Parks und Nationalparks
www.portanapoli.de – Infos u. a. zu Sehenswürdigkeiten, Hotels, Shopping, Ausgehen und Wetter
www.cilento-ferien.de – u. a. Auswahl individueller Unterkünfte
www.slowfood.it – Internetseite dieser Bewegung mit Restaurantempfehlungen
www.urlaub-amalfi.de – u. a. mit Übernachtungstipps, Sehenswürdigkeiten, Stadtplänen.

Klima, Kleidung, Reisezeit

Frühling und **Herbst** sind die besten Zeiten für einen schönen Aufenthalt. Der **Sommer** ist sehr heiß, besonders im Hinterland, wo die leichte Brise, die an der Küste weht, fehlt. Da fast ganz Italien im August Ferien macht, ist von diesem Monat abzuraten, viele Strände sind dann hoffnungslos überfüllt.

Im **November und Dezember** regnet es sehr häufig und ausgiebig, daher sind diese Monate nicht so empfehlenswert. Wer sich ausführlich mit Kunst und Kultur beschäftigen möchte, kann auch getrost die Monate **Januar und Februar** wählen. Zwar sollte man dann eine warme Jacke mitnehmen, wird aber oft mit strahlend blauem Himmel und leichtem Nordwind belohnt. Die Luft ist ganz klar, alle Farben leuchten kräftig und es herrscht nicht so ein Dunst wie im Sommer. Die Voraussetzungen für gelungene Urlaubsfotos sind also ideal.

Einige statistische Werte von Neapel: Es regnet im Schnitt an 89 Tagen im Jahr, die Lufttemperatur beträgt im April tagsüber im Schnitt 18,1 Grad, in der Nacht 10,5 Grad und das Wasser hat eine durchschnittliche Temperatur von 14 Grad.

Medizinische Versorgung

Mit der **Europäischen Krankenversicherungskarte** (EHIC) wird man in Krankenhäusern kostenfrei behandelt. Erfahrungsgemäß fallen die ärztlichen Honorare in Urlaubsgebieten hoch aus, doch gegen eine ordnungsgemäße Quittung *(ricevuta)* erhält man seine Ausgaben von seiner Kasse ganz oder anteilig zurückerstattet. Falls ein Rezept verschrieben wurde, werden auch die Apothekenkosten vergütet. Der Abschluss einer zusätzlichen Auslandskrankenversicherung ist anzuraten, die Kosten sind gering. Wenn man möchte, kann man sich vor Reiseantritt von seiner Krankenkasse eine Liste deutschsprachiger Ärzte an seinem Ferienort geben lassen.

Die **Apotheken** *(farmacia)* sind im Allgemeinen Mo bis Sa 8.30–12.30 und 16–20 Uhr geöffnet. Ähnlich wie in Deutschland haben einige Nacht- und Feiertagsdienst. In Neapel gilt dies etwa für die Farmacia Alma Salus ➡ aB3 an der Piazza Dante 71, ✆ 08 15 49 93 36. Erkennen kann man eine Apotheke am grünen Kreuz.

Mit Kindern am Golf von Neapel

Italiener lieben Kinder. Daher sind Familien mit Kindern sowohl in Hotels als auch in Restaurants sehr willkommen. In vielen Gaststätten gibt es Kindermenüs und etliche Hotels bieten sogar eine Kinderbetreuung an.

Zwei der schönsten Strände für Kinder sind **San Montano** ➡ bB2 in Lacco Ameno und **Chiaia** ➡ bC1 in Forio, beide auf **Ischia**. Der Sand ist besonders fein und das Wasser fällt flach ab.

Öffentliche Spielplätze trifft man auch in größeren Städten weniger an, in Neapel gibt es die **Villa Comunale** ➡ aD1/2, einen großen Park an der Via X. Caracciolo (Mai–Okt. tägl. 7–24, Nov.–April tägl. 7–22 Uhr) mit einem nett angelegten Spielareal für die Jüngsten und dem 1872 gegründeten Aquarium Dohrn (www.szn.it), wo mehr als 200 Tier- und Pflanzenarten zu sehen sind.

Etwas ältere Kinder finden sicherlich auch eine Führung durch das unterirdische Straßen- und Höhlensystem Neapels, die **Napoli Sotterranea** ➡ aB4 (www.napolisotterranea.org), spannend.

Interessant ist in Neapel der Besuch im **Ospedale delle Bambole** ➡ aB4 (www.ospedaledellebambole.it), dem 1800 gegründeten Puppenkrankenhaus, in dem Kinder erleben können, wie die kranken Puppen wieder gesunden.

Wer glaubt, die Besichtigung von **Pompeji** ➡ E5 würde Kinder langweilen, irrt. Dank speziell auf die Jüngsten abgestimmter Audioguides (an der Kasse erhältlich) haben sie sehr viel Freude an der Antike!

Ein unvergessliches Naturerlebnis ist eine Wanderung auf den Vulkan **Vesuv** ➡ D5 (www.vesuviopark.it), bei der man sich sogar ein Stück Vulkangestein als Erinnerung mitnehmen darf. Allerdings ist die Besteigung nicht mit Kinderwagen geeignet.

Weitere kindgerechte Unternehmungen und vieles mehr findet man im Internet unter: www.quantomanca.com.

Nachtleben

Am Golf von Neapel und an der Amalfiküste gestaltet sich das Nachtleben wie im restlichen Italien auch. Die Jungen feiern an Freitagen und Samstagen in meist sehr großen Diskotheken im Zentrum oder an den Stränden, die Älteren treffen sich gerne auf den Plätzen, schlendern entlang der Promenaden oder tauschen sich in Cafés bzw. Bars aus.

Eines ist allen Altersgruppen gemeinsam: Die Nacht beginnt spät, meistens ab 21 bzw. 22 Uhr, und endet in den Tanztempeln oft erst um 3 oder 4 Uhr. Wer daher in seinem Urlaub Ruhe sucht, sollte seine Unterkunft genau aussuchen!

Notfälle, wichtige Rufnummern

Notruf/Carabinieri ✆ 112
Feuerwehr ✆ 115
Polizei ✆ 113
Küstenwache ✆ 1530
Unfallrettung und ärztlicher Notdienst ✆ 118
Zollbehörde ✆ 117
ACI (Automobilclub, Abschleppdienst) ✆ 80 31 16
Aktuelle Verkehrsinformationen (dt.): ✆ 03 92 10 41, www.adac.de

Öffnungszeiten

Museen haben montags oft geschlossen und manchmal einmal wöchentlich verlängerte Öffnungszeiten. Da sich die Öffnungszeiten häufig ändern, sollte man sich vor der Besichtigung vor allem kleinerer Museen auf der jeweiligen Website oder per Telefon informieren.

Läden sind in kleineren Ortschaften meist von 13 bis 15/16 Uhr geschlossen, in großen Städten und Touristenorten haben viele von 9 bis 20 Uhr oder sogar bis Mitternacht geöffnet.

Post, Briefmarken

Briefmarken gibt es nicht nur bei der Post, sondern in jedem *tabacchi* (Tabakladen). Wer seine Post innerhalb des Ortes verschicken möchte, wählt den mit »per la città« (für die Stadt) gekennzeichneten Schlitz des Briefkastens, für alle anderen Sendungen ist der mit »tutte le altre destinazioni« (alle anderen Destinationen) beschriftete Einwurf richtig. Eine Ansichtskarte ins europäische Ausland kostet € 0,80.

Die Postämter sind in der Regel Mo bis Fr 9–14 (und manche auch 16–18) sowie Sa 8–12 Uhr geöffnet, am letzten Tag des Monats und zu besonderen Anlässen oft kürzer. Das **Ufficio Principale Corrispondenze P.T.** ➡ aA6 im Bahnhof von Neapel am Corso Meridionale hat 24 Stunden geöffnet.

Presse

In den Touristenhochburgen und größeren Städten wie Neapel, an der Amalfiküste und auf Ischia sind deutsche Tages- und Wochenzeitungen ein bis zwei Tage nach Erscheinen erhältlich. Wer etwas Italienisch kann, kauft sich die Tageszeitungen, die Italiener lesen, nämlich La Repubblica oder Il Mattino.

Der Stadtstrand von Atrani an der Amalfiküste

Rauchen

Seit 2005 ist in allen öffentlichen Gebäuden (u. a. Bahnhöfen, Restaurants, Bars, Diskotheken, Einkaufszentren) das Rauchen verboten. Geraucht werden darf nur innerhalb speziell ausgeschilderter Raucherzonen, die man z. B. im Bahnhof oder in Restaurants findet.

Sicherheit

Damit Langfinger gar nicht erst auf dumme Gedanken gebracht werden, sollten Wertsachen wie Geldbörse oder Ausweispapiere immer für andere unsichtbar am Körper getragen oder im Hotelsafe deponiert werden.

Noch ein Hinweis für Neapel: Trickdiebe sind leider nach wie vor aktiv. Mopeds sind deshalb mittlerweile in der Altstadt von Neapel verboten. Der Grund: Touristen werden häufig im Vorbeifahren ihrer Handtaschen beraubt. Die Carabinieri-Dienststelle in Neapel verfügt über Dolmetscher.

Vorsicht ist auch auf Autobahnrastplätzen geboten. Nichts Wertvolles im Auto liegen lassen! Stets das Handschuhfach öffnen, damit jeder sehen kann, dass es nichts enthält.

Stazione di Polizia ➡ aC3
Via S. Tommaso d'Aquino 64
80133 Neapel
✆ 08 17 94 19 61, Sa/So geschl.

Sport und Erholung

Die Region bietet unzählige Möglichkeiten für sportliche Aktivitäten – Wassersport, Golf, Trekking-Ausflüge, Wandern oder Fahrradtouren.

Baden
Die Badesaison im Meer beginnt Anfang/Mitte Mai und endet Mitte/Ende September. Gleich in der Nähe von **Neapel**, in Posillipo, befinden sich Kiesstrände, die wegen der Stadtnähe im Sommer sehr gut besucht und daher nicht immer besonders sauber sind.

Die **Insel Procida** ist ein Paradies für Badefreudige. Der größte Strand fängt am Hafen Chiaiolella an, ist sehr beliebt und daher zur Hauptsaison sehr voll.

Die **Insel Ischia** bietet zwar sehr viele schöne Sandstrände, die aber alle Eintritt kosten und gut besucht sind. Das gleiche gilt auch für den Ort **Positano** auf dem Festland.

An den Küsten der **Insel Capri** gibt es nicht viele Badestrände. Aufgrund der Steinschlaggefahr wurde an einigen Stellen der Insel-

Erhält oft Besuch von Tauchern: die Madonna am Felsen von Vervece

küste das Baden mittlerweile verboten. Einen kleinen Kiesstrand findet man etwa in der Marina Piccola und unterhalb der Via Krupp.

Golf
Der Golfclub Circolo Golf Napoli liegt traumhaft schön in einer Hügellandschaft. Wer Einblick in das Who's who von Neapel bekommen will, wird hier fündig. Kenntnisse der Landessprache sind von Vorteil.

Circolo Golf Napoli ➡ D3
Via Campiglione 11
80078 Pozzuoli
✆ 081 526 42 96
www.golfnapoli.it

Segeln
In vielen größeren Badeorten kann man gegen Vorlage des Segelscheins kleinere Segelboote mieten. Unbedingt vorher nach den Preisen erkundigen! Größere Segelyachten, beispielsweise für einen Wochentörn, sollten besser vor Reiseantritt gebucht werden.

Surfen
Die Windbedingungen sind das ganze Jahr über günstig. In den meisten touristischen Hochburgen an der Küste werden Surfbretter verliehen. Auch hier ist ein Preisvergleich sinnvoll.

Tauchen
Die Küste der Region und die Inseln bieten traumhafte Tauchparadiese. Besonders attraktiv für Taucher sind die Grotten der **Cilento-Küste** zwischen Marina di Camerota und Palinuro, die Meeresgründe vor der **Halbinsel von Sorrento** zwischen Punta Campanella (Naturschutzgebiet, viele Funde aus griechisch-römischer Zeit) und Marina della Lobra sowie die Küsten der Inseln **Capri** und **Ischia**.

Highlights sind die Unterwasserwelten bei dem **Felsen von**

Segeltörn vor dem Castello Aragonese (Ischia)

Vervece (mit einer Statue der Madonna von Vervece aus Blei), die **Grotte von Mitigliano** (ca. 10 m Tiefe) und die **Grotte Zaffiro** unterhalb der kleinen Insel Isca. Für Neulinge, die im Urlaub ihren Tauchschein machen möchten oder einen Schnuppertauchgang buchen wollen, empfiehlt sich vorab eine Tauchtauglichkeitsprüfung beim Facharzt.

FIAS Federazione Italiana Attività Subacquee
Viale Andrea Doria 8
20124 Milano
✆ 026 70 50 05 (Zentrale)
www.fias.it

Strom

Die Stromversorgung in Italien beträgt 220 Volt (Flachstecker). Die Mitnahme eines Adapters *(spina di adattamento)* ist zu empfehlen. Es besteht auch die Möglichkeit diesen vor Ort im Hotel auszuleihen bzw. in einem Fachgeschäft zu erwerben.

Telefonieren

Notrufe können von öffentlichen und privaten Telefonen kostenlos getätigt werden, und zwar rund um die Uhr.

In Postämtern und Tabakgeschäften *(tabacchi)* bekommt man **Telefonkarten** *(scheda telefonica)*. Alternativ gibt es internationale Telefonkarten *(scheda telefonica internazionale) für* € 7–50, mit denen man deutlich günstiger telefoniert. Man führt sie jedoch nicht ins Telefon ein, sondern wählt eine kostenlose *numero verde*, die auf der Karte vermerkt ist, und gibt dann die auf der Karte verzeichnete Geheimnummer ein. Anschließend kann man die Teilnehmernummer wählen.

Handys *(cellulare)* wählen sich jeweils ins stärkste der vier italienischen Mobilfunknetze ein. Die Roaming-Gebühren innerhalb der EU sind inzwischen entfallen. Informationen unter: www.teletarif.de/reise.

In Italien ist die Ortsvorwahl fester Bestandteil der Teilnehmernummer, so wird auch die 0 immer mitgewählt, auch nach der Ländervorwahl. Bei Anrufen von Italien aus in die Heimat, lässt man die 0 nach der Ländervorwahl hingegen weg.

Vorwahl Italien ✆ +39
Vorwahl Deutschland ✆ +49
Vorwahl Österreich ✆ +43
Vorwahl Schweiz ✆ +41

Trinkgeld

Das Trinkgeld *(mancia)* beträgt in Restaurants etwa zehn bis 15 Prozent des Rechnungsbetrags. Auch in Bars gibt man etwas Trinkgeld, selbst wenn man »nur« einen Espresso getrunken hat. Die früher üblichen Extraspesen für das Gedeck sind heute kaum mehr anzutreffen.

Unterkunft

In dieser Region findet man Unterkünfte aller Art – vom herrschaftlichen Palazzo mit Meerblick bis zur einfachen Pension in einem schlichten Stadthaus, vom ländlichen Agriturismo-Betrieb im Hinterland bis zum noblen Viersternehotel im tropischen Park, dazu kommen Appartements, Privatzimmer sowie Campingplätze, etwa in Pozzuoli (www.solfatara.it), und Jugendherbergen, so die Ostello Mergellina in Neapel (www.hihostels.com). Weitere Informationen findet man beispielsweise unter www.aighostels.it (italienischer Jugendherbergsverband AIG), www.camping.it (Website des italienischen Campingverbands, übersichtlich nach Regionen sortiert) oder unter www.bed-and-breakfast.it. Portale mit Hotelangeboten vgl. Internet.

Die Preise sind je nach Saison unterschiedlich. Pauschalangebote gibt es oft nur zur Vor- und Nachsaison. Wer weniger als drei Tage in einem Hotel oder einer Pension übernachtet, muss mit einem Aufpreis rechnen. Für Juli und August ist eine rechtzeitige Reservierung zu empfehlen. Das Frühstück fällt, wie im gesamten Süden, nicht besonders üppig aus, wobei die großen Hotels oft schon gute Buffets anbieten.

Verkehrsmittel

Fähre

Ab **Neapel**, genauer gesagt der Molo Beverello (gegenüber der Piazza Municipio), kann man täglich nach Palermo, zu den Inseln und zu den Städten am Golf von Neapel fahren. Im wöchentlichen Rhythmus gelangt man nach Reggio di Calabria, Milazzo, Catania, Cagliari, Tunisi, Tripoli sowie La Valletta. Von **Pozzuoli** und **Sorrento** aus besteht eine tägliche Verbindung mit den neapolitanischen Inseln. Zweimal täglich geht es von **Amalfi** aus nach Positano und Capri.

Informationen über Fahrpreise sowie Ankunfts- und Abfahrtszeiten erhält man am Hafenschalter im jeweiligen Hafen und unter www.directferries.it oder www.aliscafi.it.

Bahn
In **Neapel** kann man mit der Nahverkehrsbahn, der Linie **Circumvesuviana** (Infos: ✆ 800 21 13 88, www.eavsrl.it), in verschiedene Richtungen fahren, nämlich:
Neapel–Barra–Torre Annunziata–Castellammare di Stabia–Sorrento
Neapel–Barra–Torre Annunziata–Poggiomarino–Sarno
Neapel–Barra–Ottaviano–Poggiomarino–Sarno
Neapel–Pomigliano d'Arco–Nola–Baiano
Neapel–Pomigliano d'Arco–Acerra
Weiterhin gibt es noch die **Circumflegrea** auf der Nord-West-Strecke und die **Cumana**, die das Küstengebiet abfährt.

Bus
Auskünfte zum Busverkehr von Neapel (inklusive Flughafen): ✆ 800 63 95 25, www.anm.it.

Taxi
Bei Taxifahrten sollten Sie entweder vor Fahrtbeginn mit dem Fahrer einen festen Preis aushandeln oder darauf achten, dass das Taxameter vor Fahrtbeginn null Kilometer anzeigt (Taxi Napoli, ✆ 081 88 88, www.taxinapoli.it).

Zeitzone

In ganz Italien gilt die mitteleuropäische Zeit (MEZ) mit der entsprechenden Umstellung auf die Sommerzeit von Ende März bis Ende Oktober.

Zoll

Italien darf – laut Schengen-Abkommen – Grenzkontrollen bei Deutschen durchführen. Daher muss immer ein gültiger amtlicher Ausweis mitgeführt werden. Bei der Ein- und Ausreise nach und von Italien muss eine Bargeldmenge von über 10 000 Euro deklariert werden. Weitere Zollbestimmungen findet man unter www.zoll.de. ■

Von Sorrento aus erreicht man die neapolitanischen Inseln

Die wichtigsten Wörter für unterwegs

Buon giorno! Wer kennt diese Begrüßung nicht? Sie wird in Italien bis 12 Uhr mittags verwendet, danach sagt man schon *buona sera*. Beides sind sehr höfliche Ausdrücke, sie werden überall da benutzt, wo gesiezt wird. *Ciao* ist Begrüßung ebenso wie Verabschiedung, wird aber nur verwendet, wenn man sich nahe steht.

Wenn Sie ein öffentliches Lokal oder Büro verlassen, sagen Sie besser *arrivederci* oder *buon giorno* bzw. *buona sera*. *Buona notte* sagt man dann, wenn man sich verabschiedet, um ins Bett zu gehen.

Wenn Sie eine Wohnung betreten, auch beim Besuch guter Bekannter, sollten Sie immer *permesso* (gestatten) rufen und warten bis die Antwort kommt: *avanti* (herein).

Keine Panik, wenn Sie befürchten, zwar eine Frage stellen zu können, die Antwort aber nicht verstehen – Italiener haben eine sehr ausgeprägte Körpersprache. Im Übrigen wissen Sie ja: *Sì* heißt ja, *no* nein. Und vergessen Sie nicht, sich zu bedanken – *grazie!*

Alltag, Umgangsformen

Buon giorno!	Guten Tag!
Buona sera!	Guten Abend!
Buona notte!	Gute Nacht!
Ciao!	Hallo!
Come stai?	Wie geht es dir?
Come sta?	Wie geht es Ihnen?
Arrivederci!	Auf Wiedersehen!
Buon viaggio!	Gute Reise!
Ciao!	Tschüss!
A presto!	Bis bald!
A domani!	Bis morgen!
Molto piacere di averti conosciuto.	Schön, dich kennengelernt zu haben.
sì/ no/ forse	ja/nein/vielleicht
Mi chiamo …	Ich heiße …
Come ti chiami?	Wie heißt du?
Come si chiama?	Wie heißen Sie?
Scusi!	Entschuldigen Sie!
Grazie mille!	Vielen Dank!
Prego!	Bitte schön!/-Keine Ursache!

Übrigens: In Italien gibt es zwei Ausdrücke für »bitte«: *per favore* und *prego*. Bitten Sie jemanden um eine Gefälligkeit, verwenden Sie *per favore*. Ansonsten heißt es *prego*.

Falls Sie nicht alles verstehen (zugegeben: die Italiener sprechen ganz schön schnell), können Sie sagen: *Non ho capito. Per favore, parli più lentamente.* Wenn auch das nichts hilft, bleibt noch die Möglichkeit, sich das Gesagte aufschreiben zu lassen: *Me lo scriva, per favore.*

Autofahren

Sollten Sie mit dem Auto unterwegs sein, können Sie die folgenden Vokabeln sicher gut gebrauchen, an jeder Tankstelle und im alltäglichen Straßenverkehr. Und falls Sie mal eine Werkstatt nötig haben …

Was auf Straßenschildern steht

lavori in corso	Bauarbeiten
deviazione	Umleitung
pedaggio autostradale	Autobahngebühr
strada senza uscita	Sackgasse
senso unico	Einbahnstraße
il divieto di parcheggio	Parkverbot
zona disco	Parken mit Parkscheibe
attenzione uscita veicoli	Vorsicht Ausfahrt
tornante	Kurve

Rund ums Auto

La mia macchina è stata forzata.	Mein Auto ist aufgebrochen worden.
Mi hanno rubato …	Man hat mir … gestohlen.
Mi dia il Suo nome e il Suo indirizzo/ il nome	Geben Sie mir bitte Ihren Namen und Ihre An-

della Sua assicurazione, per favore.	schrift/Ihre Versicherung an.
Mi occorre una copia della denuncia per la mia assicurazione.	Ich brauche eine Kopie der Anzeige für meine Versicherung.
Non è colpa mia.	Es ist nicht meine Schuld.
Lei andava troppo forte.	Sie sind zu schnell gefahren.
la patente	Führerschein
I Suoi documenti, per favore.	Ihre Papiere, bitte.
Lei non ha rispettato la precedenza.	Sie haben die Vorfahrt nicht beachtet.
Lei non ha mantenuto la distanza di sicurezza.	Sie sind zu dicht aufgefahren.
Andavo a … chilometri all'ora.	Ich bin ... km/h gefahren.
l'autostrada	Autobahn
l'incrocio	Kreuzung
il semaforo	Ampel
il parcheggio	Parkplatz
il parchimetro	Parkuhr
il distributore automatico di biglietti per il parcheggio	Parkscheinautomat
Posso parcheggiare qui?	Kann ich hier parken?
la cintura di sicurezza	Sicherheitsgurt
il distributore	Tankstelle
la benzina	Benzin
senza piombo	bleifrei
il gasolio	Diesel
Il pieno, per favore.	Volltanken, bitte.
Per favore, controlli la pressione delle gomme.	Prüfen Sie bitte den Reifendruck.
andare	fahren
sorpassare	überholen
voltare	wenden
a destra/a sinistra/sempre diritto	rechts/links/geradeaus
attraversare	überqueren
l'ammenda	Bußgeld
la pianta della città	Stadtplan
la sicurezza	Sicherheit
l'ingorgo	Stau

In officina	**In der Werkstatt**
Ho avuto un incidente.	Ich habe einen Unfall gehabt.
Ho un guasto.	Ich habe eine Panne.
Ho una gomma a terra.	Ich habe einen Platten.
La macchina non parte.	Mein Wagen springt nicht an.
La batteria è scarica.	Die Batterie ist leer.
I freni non sono a posto.	Die Bremsen funktionieren nicht.
l'officina	Werkstatt
l'olio del motore	Motoröl
il cambio dell'olio	Ölwechsel
il motore	Motor
il cambio	Getriebe
la candela	Zündkerze
il parafango	Kotflügel
il carburatore	Vergaser
la freccia	Blinker
la ruota	Reifen
il motorino d'avviamento	Anlasser
il tergicristallo	Scheibenwischer
il parabrezza	Windschutzscheibe
il faro	Scheinwerfer
il radiatore	Kühler

Einkaufen

Quanto costa?	Wieviel kostet das?
i soldi	Geld
la cassa	Kasse
spendere	ausgeben
pagare	bezahlen
l'offerta speciale	Sonderangebot
vendere	verkaufen
la vetrina	Schaufenster
Un po' di meno, per favore.	Etwas weniger, bitte.
Un po' di più, per favore.	Etwas mehr, bitte.
più piccolo/più grande	kleiner/größer
Dove posso trovare …?	Wo bekomme ich …?
Vorrei …	Ich hätte gerne …
Per favore, mi dia un pacco di …	Geben Sie mir bitte eine Packung …
Per favore, mi faccia vedere …	Zeigen Sie mir bitte …
Dica, prego!	Bitte schön! (Sie wünschen?)
Posso aiutarLa?	Kann ich Ihnen helfen?
Lo posso provare?	Kann ich das anprobieren?
Accetta carte di credito?	Nehmen Sie Kreditkarten?
Vorrei qualcosa di meno caro.	Ich hätte gerne etwas Billigeres.
troppo caro	zu teuer
Ho la taglia …	Ich habe Größe …
Ha anche la taglia …?	Haben Sie das auch in Größe …?
È troppo grande/	Das ist zu

piccolo.	groß/klein.
la svendita	Ausverkauf
la camicia	Hemd
i pantaloni	Hose
il cappotto	Mantel
la gonna	Rock
il vestito	Kleid
il collant	Strumpfhose
le calze	Strümpfe
il blazer	Blazer
la giacca	Jacke
il foulard	Halstuch

Colori	**Farben**
scuro	dunkel
chiaro	hell
blu	blau
marrone	braun
giallo	gelb
rosso	rot
verde	grün
nero	schwarz
bianco	weiß
grigio	grau

Essen und Trinken

Wo bekommt man's	
la panetteria	Bäckerei
la pasticceria	Konditorei
la macelleria	Fleischerei
il negozio	Geschäft
il mercato	Markt
l'alimentari	Lebensmittelgeschäft
il supermercato	Supermarkt

Al ristorante	**Im Restaurant**
Scusi, c'è un buon ristorante?	Wo gibt es hier ein gutes Restaurant?
Un tavolo per … persone, per favore.	Einen Tisch für … Personen, bitte.
È libero questo tavolo?	Ist dieser Tisch noch frei?
Dov'è il bagno, per favore?	Wo sind bitte die Toiletten?
Per di qui, prego.	Hier entlang, bitte.
Cameriere, il menu, per favore.	Herr Ober/Bedienung, die Speisekarte, bitte.
la lista delle bevande	Getränkekarte
la lista dei vini	Weinkarte
Che cosa mi consiglia?	Was können Sie mir empfehlen?
Avete piatti vegetariani?	Haben Sie vegetarische Gerichte?
Prendo …	Ich nehme …
Per antipasto/dessert/secondo prendo ...	Als Vorspeise/Nachtisch/Hauptgericht nehme ich ...
Per favore, un bicchiere di …	Bitte ein Glas …
Buon appetito!	Guten Appetit!
Alla salute!	Zum Wohl!
Vorrei una tazza di caffè.	Ich möchte eine Tasse Kaffee.
Il conto, per favore.	Die Rechnung, bitte.
Conti separati, per favore.	Wir möchten getrennt bezahlen.
Tutto un conto, per favore.	Alles zusammen, bitte.
Vorrei la ricevuta.	Ich möchte bitte eine Quittung.
È stato di Vostro gradimento?	Hat es Ihnen geschmeckt?
Grazie, era davvero molto buono.	Danke, sehr gut.
La riporti indietro, per favore.	Bitte nehmen Sie es zurück.
mangiare	essen
bere	trinken
l'acqua minerale naturale	Mineralwasser ohne Kohlensäure
gassata	mit Kohlensäure
il vino	Wein
la birra	Bier
il bicchiere	Glas
la bottiglia	Flasche

Pesce	**Fisch**
frutti di mare	Meeresfrüchte
cozze	Miesmuscheln
gamberetti	Garnelen
granchio	Krabbe
calamari	Tintenfische
carpa	Karpfen
sogliola	Seezunge
salmone	Lachs
tonno	Thunfisch
trota	Forelle

Carni	**Fleisch**
gallina	Huhn
pollo	Hähnchen
anatra	Ente
scaloppine	kleine Schnitzel
saltimbocca	Kalbsschnitzel
tacchino	Truthahn
fagiano	Fasan
frattaglie	Innereien
polpette	Fleischklößchen
bistecca	Steak
braciola	Rumpsteak
fegato	Leber
montone	Hammel
vitello	Kalbfleisch
agnello	Lammfleisch

Pasta	**Nudelgerichte**
Pasta al burro	mit Butter
Pasta al pomodoro/sugo	mit Tomatensauce

Pasta all'arrabbiata	mit Tomatensoße und Chili
Pasta al ragù	mit Bolognesesoße
Pasta alla carbonara	mit Ei und Bauchspeck
Pasta alla panna	mit Sahne
Pasta alla vongole	mit Venusmuscheln
penne	kurze Nudeln
tagliatelle	Bandnudeln
vermicelli	Fadennudeln
lasagne	Teigblätter mit Fleischsauce, überbacken

Verdura	**Gemüse**
gli sparagi	Spargel
gli spinaci	Spinat
le carote	Karotten
i fagioli	Bohnen
i piselli	Erbsen
le patate	Kartoffeln
l'insalata	Salat
il pomodoro	Tomate
il cetriolo	Gurke
gli zucchini	Zucchini
il cavolfiore	Blumenkohl
la cipolla	Zwiebel
le verdure crude	Rohkost

Frutta	**Obst**
la mela	Apfel
la pera	Birne
le fragole	Erdbeeren
le ciliege	Kirschen
il melone	Melone
la pesca	Pfirsich
l'albicocca	Aprikose
il pompelmo	Pampelmuse
la banana	Banane
le prugne	Pflaumen
il limone	Zitrone
l'arancia	Apfelsine
l'uva	Weintrauben

Modi di cottura	**Zubereitungsarten**
a vapore	gedämpft
arrosto	gebraten
al forno	gebacken
fritto	fritiert
alla brace	gegrillt
al cartaccio	in der Folie gebacken
gratinato	überbacken

Un mucchio di altre cose	**Was es sonst noch gibt**
il latte	Milch
la panna	Sahne
il formaggio	Käse
lo yogurt	Joghurt
le uova	Eier
il burro	Butter
le spezie	Gewürze
l'aglio	Knoblauch
il sale	Salz
il pepe	Pfeffer
lo zucchero	Zucker
l'aceto	Essig
l'olio	Öl
il miele	Honig
il gelato	Speiseeis

Dal panettiere	**Beim Bäcker**
il pane	Brot
il pane misto di segale e frumento	Graubrot
il pane nero	Schwarzbrot
il pane bianco	Weißbrot
i biscotti	Gebäck
la torta	Torte

Kosmetik, Presse, Öffentliche Verkehrsmittel

Was Sie zur Körperpflege brauchen

lo spazzolino da denti	Zahnbürste
il dentifricio	Zahnpasta
il cotone idrofilo	Watte
la crema da barba	Rasiercreme
le lamette	Rasierklingen
i fazzoletti	Taschentücher
il pettine	Kamm
il rossetto	Lippenstift
la saponetta	Seife
l'asciugacapelli	Haartrockner
l'asciugamano	Handtuch
lo shampoo	Haarwaschmittel

All'edicola	**Im Zeitschriftenladen**
il giornale	Zeitung
la rivista	Zeitschrift
Vorrei un giornale tedesco.	Ich hätte gerne eine deutsche Zeitung.
la carta	Papier
la busta	Briefumschlag
la penna a sfera	Kugelschreiber

Mezzi di trasporto	**Öffentliche Verkehrsmittel**
il treno	Zug
la stazione	Bahnhof
l'autobus	Bus
l'aereo	Flugzeug
l'aeroporto	Flughafen
la nave	Schiff
il porto	Hafen
il traghetto	Fähre
Quando parte il prossimo ...?	Wann fährt der nächste ...?
... l'ultimo ...?	... der letzte...?
un biglietto	Fahrkarte
partenza	Abfahrt
arrivo	Ankunft

uscita	Ausgang
entrata	Eingang
ritardo	Verspätung

Assistenza medica Medizinische Versorgung

Dal medico	**Beim Arzt**
il medico	Arzt
il dentista	Zahnarzt
Ho mal di gola.	Ich habe Halsschmerzen.
Non mi sento bene.	Ich fühle mich nicht wohl.
Mio marito/mia moglie sta male.	Mein Mann/ meine Frau ist krank.
Ho fatto un'indigestione.	Ich habe mir den Magen verdorben.
Sono molto raffreddato/a.	Ich bin stark erkältet.
Sono al ... mese di gravidanza.	Ich bin im ... Monat schwanger.
Ho la pressione alta/bassa.	Ich habe einen hohen/niedrigen Blutdruck.
Ho dei dolori qui.	Hier habe ich Schmerzen.
Non sopporto bene questo clima.	Ich vertrage dieses Klima nicht.
Mi sono ferito/a.	Ich habe mich verletzt.

il braccio	Arm
il malleolo	Knöchel
il cuore	Herz
il dente	Zahn
il ginocchio	Knie
la gamba	Bein
la mano	Hand
il naso	Nase
l'occhio	Auge
l'orecchio	Ohr
la pelle	Haut
il piede	Fuß
la testa	Kopf

la diarrea	Durchfall
il vomito	Erbrechen
la nausea	Brechreiz
la tosse	Husten
il mal di testa	Kopfschmerzen
i disturbi circolatori	Kreislaufstörungen
la lombaggine	Hexenschuss
la scottatura	Sonnenbrand
le vertigini	Schwindel
la pomata	Salbe
la compressa	Tablette
il sonnifero	Schlaftabletten
le gocce	Tropfen
l'analgesico	Schmerzmittel
le bende	Verbandszeug

Wo? Wie? Was? – Orientierung

Wie man nach dem Weg fragt (und die Antwort versteht)

Scusi, dov'è ...?	Entschuldigung, wo ist ...?
Come si arriva a ...?	Wie komme ich nach ...?
Come si arriva nel modo più veloce alla stazione?	Wie komme ich am schnellsten zum Bahnhof?
Sempre diritto.	Geradeaus.
A destra.	Nach rechts.
A sinistra.	Nach links.
È questa la strada per ...?	Ist das die Straße nach ...?

Welche Sehenswürdigkeiten gibt es in der Stadt

il ponte	Brücke
il castello	Schloss
l'anfiteatro	Amphitheater
la fontana	Brunnen
il monumento	Denkmal
il fiume	Fluss
la chiesa	Kirche
il museo	Museum
il municipio	Rathaus
le rovine	Ruine
la cappella	Kapelle
il palazzo	Palast

Telefonare, Internet Telefonieren, Internet

Dove posso comprare una carta telefonica?	Wo bekomme ich eine Telefonkarte?
Qual è il prefisso di ...?	Wie ist die Vorwahl von ...?
Non risponde nessuno.	Es meldet sich niemand.
Provi ancora una volta.	Versuchen Sie es noch einmal.

Ha il Wi-Fi?	Haben Sie WLAN?
Non ho campo.	Ich habe kein Signal.
password Wi-Fi	WLAN-Passwort
la stampante	Drucker
l'allegato	Anhang
aggiornare	aktualisieren
scaricare	herunterladen
collegarsi a	sich verbinden mit
la chiocciola	At-Zeichen (@)
caricare la batteria	Akku aufladen

La camera Unterkunft

Mi saprebbe dire dove posso trovare una camera?	Wissen Sie, wo ich hier ein Zimmer finden kann?

Cerco un alloggio.	Ich suche eine Unterkunft.
Quanto costa?	Wieviel kostet es?
Mi può fare una prenotazione?	Können Sie für mich dort reservieren?
È lontano da qui?	Ist es weit von hier?
Come ci si arriva?	Wie kommt man dorthin?
Avete una camera doppia/singola libera?	Haben Sie ein Doppelzimmer/ Einzelzimmer frei?
Posso vedere la camera?	Kann ich das Zimmer ansehen?
Si può aggiungere un lettino per bambini?	Können Sie ein Kinderbett aufstellen?
il lavandino	Waschbecken
con doccia e WC	mit Dusche und WC
il frigorifero	Kühlschrank
Partiamo domattina.	Wir reisen morgen früh ab.
Prepari il conto, per favore.	Machen Sie bitte die Rechnung fertig.
Mi chiama un taxi, per favore?	Können Sie mir bitte ein Taxi rufen?
il campeggio	Campingplatz
la tenda	Zelt

Il tempo — Wetter

Che tempo farà oggi?	Wie wird das Wetter heute?
Ha già sentito le previsioni del tempo?	Haben Sie schon den Wetterbericht gehört?
Fa/Farà caldo.	Es ist/wird warm.
molto caldo	heiß
freddo/fresco	kalt/kühl
C'è afa/tempesta.	Es ist schwül/ stürmisch.
Quanti gradi ci sono?	Wieviel Grad haben wir?
il temporale	Gewitter
il caldo/la pioggia/ il sole	Hitze/Regen/ Sonne
il vento/la nuvola	Wind/Wolke

I numeri — Zahlen

uno	eins
due	zwei
tre	drei
quattro	vier
cinque	fünf
sei	sechs
sette	sieben
otto	acht
nove	neun
dieci	zehn
undici	elf
dodici	zwölf
tredici	dreizehn
quattordici	vierzehn
quindici	fünfzehn
sedici	sechzehn
diciassette	siebzehn
diciotto	achtzehn
diciannove	neunzehn
venti	zwanzig
trenta	dreißig
quaranta	vierzig
cinquanta	fünfzig
sessanta	sechzig
settanta	siebzig
ottanta	achtzig
novanta	neunzig
cento	hundert
mille	tausend
duemila	zweitausend

L'ora/Il calendario — Zeitangaben, Kalender

Che ore sono?	Wie spät ist es?
Sono le …	Es ist …
adesso	im Moment
oggi	heute
ieri/l'altro ieri	gestern/vorgestern
domani/dopodomani	morgen/übermorgen
di mattina/di pomeriggio/di sera	vormittags/nachmittags/abends
giorno	Tag
settimana	Woche
mese	Monat
anno	Jahr
lunedì	Montag
martedì	Dienstag
mercoledì	Mittwoch
giovedì	Donnerstag
venerdì	Freitag
sabato	Samstag
domenica	Sonntag
gennaio	Januar
febbraio	Februar
marzo	März
aprile	April
maggio	Mai
giugno	Juni
luglio	Juli
agosto	August
settembre	September
ottobre	Oktober
novembre	November
dicembre	Dezember ■

Die **fetten** Seitenzahlen verweisen auf ausführliche Erwähnungen, *kursiv* gesetzte Begriffe bzw. Seitenzahlen beziehen sich auf den Serviceteil.

GO VISTA CITY

Reiseführer mit ausfaltbare

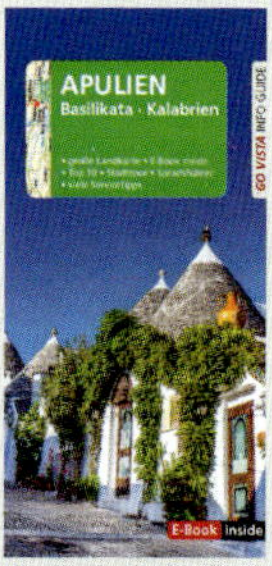

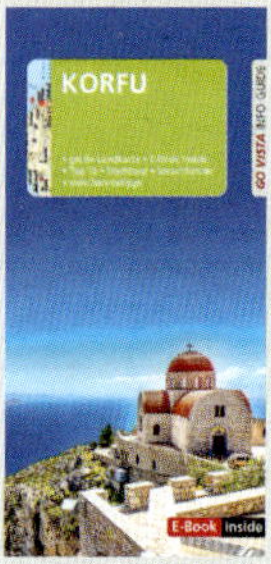

VISTA POINT Verlag GmbH · www.vistapoint.de

Alamy/Dino Fracchia: S. 68; Enrico Della Pietra: S. 27; WaterFrame: S. 82
Alamy/imageBROKER: S. 24
E.N.I.T. Italienisches Fremdenverkehrsamt, Frankfurt/M.: S. 2. o. Mitte, 3 o. r., 13, 16 u., 18, 22, 23, 40, 41, 58 o., 58 u., 62, 67, 75 o., 75 u., 85
Franz Marc Frei, München: S. 52, 72 u., 83
shutterstock/Alessandro Cristiano: S. 17; allstars: S. 76; Anna Biancoloto: S. 69; Anna Pakutina: S. 16 o.; Anton_Ivanov: S. 2 o. r., 32; Antonio Gravante: S. 9, 54; BAHDANOVICH ALENA: S. 55, 57; Baloncici: S. 25; Boris-B: S. 48, 53; canadastock: S. 3 o. Mitte, 66, 80; Cenz07: S. 78; Chiyacat: S. 51, 56; Cristian Puscasu: S. 15; eFesenko: S. 21; enrico piscopo: S. 64 o.; eugenesergeev: S. 38; Evannovostro: S. 2 o. l., 12, 36, 77; Francesca Sciarra: S. 44; Gaspar Janos: S. 49; Gimas: S. 37, 47, 71; Gonzalo Sanchez: Schmutztitel (S. 1); Inu: S. 20, 45, 50; J.Schelkle: S. 42; leoks: S. 35, 60; Mariya Siyanko: S. 39; Max Somma: S. 59; mountainpix: S. 34; muratart: S. 30; Peter Schwarz: S. 26; ronnybas: S. 63; S-F: S. 3 o. l., 43, 46; Sviluppo: S. 11; trabantos: S. 4/5, 7, 14, 61, 65; Viacheslav Lopatin: S. 31
VISTA POINT Verlag (Archiv), Rheinbreitbach: S. 6, 8, 19, 29, 33, 64 u.
Wikipedia (CC BY-SA 3.0)/Flanker: S. 10; Lalupa: S. 28; (Gemeinfrei)/Ninane: S. 72 o.

Schmutztitel (S. 1): Zitronen auf Capri
Seite 2/3 (v. l. n. r.): Castel Nuovo in Neapel; Positanio; Augustus-Statue auf der Insel Capri; Tempel der Hera in Paestum; die Galleria Umberto I in Neapel

Reihenkonzeption: Andreas Schulz & VISTA POINT-Team
Bildredaktion: Bettina Hamann
Layout: Kerstin Hülsebusch-Pfau, Britta Wilken
Reproduktionen: Henning Rohm, Köln; Noch & Noch, Datteln
Kartographie: Huber Kartographie GmbH
Gesamtherstellung: VISTA POINT Verlag GmbH, Rheinbreitbach

ISBN 978-3-96141-736-0

An unsere Leserinnen und Leser!
Die Informationen dieses Buches wurden gewissenhaft recherchiert und von der Verlagsredaktion sorgfältig überprüft. Nichtsdestoweniger sind inhaltliche Fehler nicht immer zu vermeiden. Für diese übernimmt der Verlag keine Haftung. Für Ihre Korrekturen und Ergänzungsvorschläge sind wir dankbar.

VISTA POINT Verlag
Rolandsecker Weg 30 · 53619 Rheinbreitbach
Telefon: +49 (0)2224/7795-0 · Fax: +49 (0)2224/7795-100
info@vistapoint.de · www.vistapoint.de · www.facebook.de/vistapoint